Allitera Verlag

François Loeb

STERNENZIMMER

und andere Hotelgeschichten

Allitera Verlag

Weitere Informationen über den Verlag und sein Programm unter
www.allitera.de

Oktober 2013
Allitera Verlag
Ein Verlag der Buch&media GmbH, München

Printed in Germany · ISBN 978-3-86906-584-7

INHALT

DIE STIMME

Geht es Ihnen auch so?
So oft und immer häufiger nerven Stimmen am Telefon.
Vertröstende Stimmen.
Auffordernde Stimmen.
Stimmen, die Eingaben verlangen.
Oft aggressiv und beinahe unflätig.

Wie oft möchte ich den Hörer einfach auf die Gabel werfen. Aber Hörergabeln gehören der Vergangenheit an und so muss ich mich mit Schimpfwörtern, die sich auf meiner Zunge nicht nur kräuseln, sondern schäumen, zufriedengeben.

Ja, so geht es mir in letzter Zeit mit den Telefonstimmen.

Bis auf die Stimme, die mich vor einem Monat bei der Reservierung meines Zimmers im Hotel Maragna in X begeisterte. Mir entgegenschallte. Mich verzauberte!

Ich bin Vertreterin, besuche Barbershops der obersten Qualitätsklasse mit einer Kosmetiklinie für den gepflegten Herrn und muss daher von Zeit zu Zeit auswärts nächtigen, obwohl ich wesentlich lieber in meinem Einzimmerappartement schlafe als in einem gastlichen Haus, sei dieses noch so sympathisch. In X, einem Finanzhandelsplatz beträchtlicher Grösse, befinden sich viele zu besuchende Kunden, sodass ich jeweils mindestens zwei Nächte dort verbringen muss.

Auf das Hotel Maragna bin ich durch die Empfehlung meiner engsten Freundin gekommen. Sie hat mir das Haus wärmstens ans Herz gelegt. Es sei einfach wie ein zweites Zuhause für sie, beinahe eine zweite Haut. Nun, ich wäre ja glücklich, hätte die zu pflegende Haut eine Ausdehnung eines Hotelkomplexes. Meine Provisionen würden dann kräftiger fliessen und manche meiner Sorgenfalten geglättet werden. Denn einzig von erzielten Umsätzen und dabei von den mickrigen vier Komma acht Prozent zu leben, ist oft nicht einfach und treibt nächtens manchen Alb in meine Träume.

Nun, bei meinem Reservierungsanruf war ich nicht nur überrascht. Nein, die warme männliche Stimme in der Leitung war so voller Gefühle, voll ungespielter Anteilnahme für meine Übernachtungsnöte, dass ich mich auf der Stelle in sie verliebte. Noch nie hatten mich meine Gefühle so übermannt – was für ein Wort, überfraut wäre präziser, aber soll ich den Duden ändern? Mein Herz begann, schneller zu schlagen. Bumm, bumm, bumm, beinahe im Dreivierteltakt, und mein Mund wurde trocken wie Zunder. Ich rang nach Atem. Eine so zauberhafte Stimme, die mich auf der Stelle in das Paradies meiner Sehnsüchte entführte, hatte ich niemals zuvor vernommen. Mein ganzes Leben nicht. So männlich war die Stimme. So kraftvoll. Obhut versprechend. Wärme. Heimat. Seelenverwandtschaft. Übereinstimmung in jeder Faser des Tones. Blütenrein die Vibration. Auf mich zugeschnitten. Wie Engelszungen mein Ohr umschmeichelnd. In meinen Körper eindringend. Diesen aus dem Winterschlaf des Alltags erweckend. Hin zum Frühjahr voll hoffender Knospen. ›Ach, könnte ich ihm doch begegnen‹, meldete sich mein vom Blitzschlag der Liebe überquellendes Herz.

Was hatte ich bis zu diesem Augenblick über Liebe auf den ersten Blick bei meinen Freundinnen gelästert. Alle derartigen Liebesgeschichten in den grossen, runden Korb des Wunschdenkens abgelegt.

Und jetzt hatte es mich erwischt.

Hochkant erwischt.

Oder besser ausgedrückt: überwältigt.

In den siebten Himmel gehoben.

Ich musste ihn einfach kennenlernen.

Ihm begegnen.

Koste es, was es wolle!

So begann das Martyrium meiner Suche.

Meiner kostspieligen Suche.

Denn als Erstes musste ich mich im Hotel, aus dem diese Stimme kam, dort, wo die Wurzel des Übels, nein, die Wurzel meiner Zukunft lag, einquartieren.

Um meine Chancen zu erhöhen.

Ich musste zur Stammkundin aufsteigen, wenn ich mit der Bitte an die Hotelleitung herantreten wollte, ihm, meinem »Geliebten«, begegnen zu dürfen.

Mit dem Anliegen, mit dieser wundervollen Stimme ein Nachtessen im hoteleigenen Grill, natürlich bei flackerndem Kerzenlicht, einnehmen zu dürfen.

Von »einen Abend zusammen verbringen« wollte ich bei meinem Gesuch nicht sprechen, denn sonst käme der Direktor womöglich auf falsche Gedanken.

Würde mein Wunsch abgelehnt, läge mein Liebesleben in Scherben und so beschloss ich, langsam und gründlich vorzugehen.

Ich mietete mich in die gräfliche Suite ein, obwohl diese jede Nacht ein kleines Vermögen kostete. Doch wofür hatte ich Rücklagen angespart, wenn nicht, um den Lauf meines Lebens, meine Zukunft, beeinflussen zu können.

Ich lebte in dem Hotel.

Gab mich als reiche amerikanische Erbin aus.

Leistete mir täglich Anrufe aus öffentlichen Telefonkabinen.

Anrufe in mein Hotel.

Anrufe, um die Stimme zu hören, die mich in den Zauberzustand des Liebesrausches versetzte.

Nach drei Wochen und einundzwanzig Suiteübernachtungen hielt ich es an der Zeit, meinen Plan umzusetzen. Jeder Angestellte kannte mich inzwischen. Das reichliche Trinkgeld, das wöchentlich jeweils am Samstag zum Wochenabschluss floss, hatte eine feine Aura um mich gestrickt.

Ich war überzeugt, dass mir niemand einen so einfachen Wunsch wie die Begegnung mit der Stimme abschlagen würde.

So nahm ich meinen ganzen Mut zusammen und trank zwei Champagner-Flûtes, um die letzten lästigen Hemmungen zu verlieren. Dann verlangte ich nach dem Direktor, der auch sogleich erschien und mich in seinen VIP-Salon bat. Ich sah seinen Gesichtsbewegungen an, dass er eine Beschwerde fürchtete, ja gar meinen Auszug, den Auszug seines besten Gastes, der noch nie um einen Gefallen oder gar einen Rabatt gebeten hatte.

Ich sprach zuerst über das Wetter und lobte dann seinen »impeccablen Service«, der eine Fünfsterneauszeichnung mehr als verdient habe. Dabei beobachtete ich, dass der Herr Direktor immer unruhiger wurde und wie ein kleiner Junge auf seinem Stuhl hin- und herzurutschen begann. Zwar nur in Kleinstbewegungen, aber doch wie ein Schüler der unteren Klasse.

Vom Wetter wechselte ich zum hervorragenden drahtlosen Internetanschluss, der heute so entscheidend für Geschäftsfrauen sei. Die Breitbandverbindung hätte mir bei meinen Börsengeschäften –

dass ich nie solche tätigte, verschwieg ich – grosse Dienste geleistet und manch anständige Rendite eingebracht. Ich setzte mein bestes Lächeln auf, denn jetzt galt es, vom Dribbling in die Torzone vorzustossen, um mit einem Knapp-unter-die-Latte-Schuss alle Verteidigungskünste des Managers ausser Kraft zu setzen.

Und so hob ich an, einen grossen Lobgesang auf den beispielhaften Telefonservice des Hauses anzustimmen und stellte fest, dass meine Hände dabei leicht zitterten und mir wahre Schweissbächlein aus den Achseln flossen. In keinem anderen Hotel, sagte ich, und ich hätte ja als »globetrottendes Businessgirl« – englische Einschübe verfehlten nie ihre Wirkung – weiss Gott Erfahrung, noch nie hätte mein Ohr in einem anderen gastlichen Haus eine so sympathische Stimme erreicht. Mein Gegenüber wartete weiterhin sehr nervös auf den negativen Hauptangriff und schluckte dreimal leer.

Wäre es möglich, den Besitzer dieser Stimme persönlich zu inspizieren, denn mein Steckenpferd seien Stimm-Körper-Analysen und Schallphänomene, warf ich jetzt ein. Er würde mir einen grossen Gefallen erweisen, mir diesen bescheidenen Wunsch zu erfüllen.

Kein anderer Satz hätte die Anspannung des Direktors besser lösen können. Ein breites Lachen zierte sofort nach der Satzgeburt sein Gesicht, vom Stirnansatz bis zum Kinn, wobei sogar sein spärliches, mit Gel gebändigtes Haar in die Fröhlichkeit einstimmte, wie mir schien.

»Selbstverständlich«, erwiderte er mit gesalbter Stimme. »Der Kunden Wünsche sind uns Befehl! Wenn Sie mir bitte folgen wollen?« Mein Herz raste. So nah am Ziel meiner Sehnsüchte zu sein, war beinahe wie einem Verdurstenden ein Glas klares, frisches Quellwasser zu versprechen und ihm den Weg dorthin zu weisen.

Wir stiegen gemeinsam zuerst über die Haupttreppe ins Untergeschoss, wo der Direktor eine Seitentüre öffnete und mich bat, vorausgehen zu dürfen, da die Treppe doch steil und unbequem sei. Mit hastigem Kopfnicken willigte ich ein und sodann gingen wir zwei Stockwerke abwärts in den tiefen Keller des stolzen, alten Gebäudes. ›Oh mein Liebster‹, dachte ich, ›wie unwürdig musst du deine Dienste verrichten, ich werde dich befreien, befreien.‹ Und das Wort begann, in meinem Kopf zu jubeln, zu tanzen, benahm sich wie ein junges Pferd, das sich erstmals unter den Augen seiner Mutter auf der Wiese nach Herz und Laune austoben durfte.

Der Direktor zog einen dicken Schlüsselbund hervor, öffnete geräuschvoll eine Eisentüre und wies mit der freien Hand ins abgedunkelte Innere, leuchtete mit einer Taschenlampe, die er aus seiner Tasche zauberte, auf ein Gebilde aus Drähten und Relais. »Hier«, dozierte er, »liegt das Geheimnis dieser Dienstleistung. Die Roboterstimme ist hier zu Hause.«

Was weiter geschah, erlebte ich nicht mehr, denn mir schwanden die Sinne. Ich weiss einzig und allein, dass ich noch am selben Tag mit gebrochenem Herzen aus der Suite auszog.

PICCOLO!

Der Piccolo, er tut seinen Dienst an der Rezeption sowie am Aufzug und er ist ein netter kleiner Kerl. Sieht in seiner Dienstuniform entzückend aus. Erinnert mich an meinen jetzt bereits dreiunddreissigjährigen Sohn, doch ist dieser seiner ›Entzückendphase‹ bereits längst entflogen. Ich freundete mich während meines Ferienaufenthaltes mit Carlos, so heisst der junge Hotelangestellte, beinahe an und so kam es, dass wir öfter miteinander über Gott und die Welt, das Wetter, die Schneeverhältnisse und die Laune des Küchenchefs sprechen, wobei ich darauf achte, ihn gleich wieder aus meiner Aufmerksamkeit zu entlassen, wenn seine Pflicht ruft. Und das ist nicht selten der Fall, sodass unser Gespräch aus Fetzen, Gesprächsfetzen meine ich, besteht und somit keinen Gesamtzusammenhang, den ich als Wissenschaftler stets suche, ergibt.

Keinen Zusammenhang?

So dachte ich bis heute in der Früh!

Doch jetzt, nach unserer letzten, abgerissenen Gesprächsseite – bisher ergab das Buch der Unterhaltungen mit dem Piccolo keinerlei Sinn –, beginne ich zu verstehen.

Heute Morgen sieht mir Carlos, als ich fotografiere, lange zu. Er hat soeben nach dem Nachtdienst seine Zimmerstunde angetreten, bittet mich um die Erlaubnis, ein Bild von mir schiessen zu dürfen, wobei das Wort »schiessen« aus seinem Mund, von seiner jungen Zunge ausgesprochen, wie ein schallgedämpfter Pistolenschuss klingt.

»Wir sind ja nun Freunde und ich möchte ein Erinnerungspic von Ihnen haben. Lassen Sie uns nach draussen gehen.«

Ich deute ein Kopfnicken an.

Wir schreiten in den Hotelpark, der aus uralten, moosbewachsenen Bäumen besteht.

Er nimmt sein mobiles Telefongerät in die Hand, richtet dieses auf mich. Ich höre den Zoom leise zischelnd mein Porträt suchen und schon erscheint ein Blitz, der mich stark blendet.

»Darf ich noch einige wenige schiessen?« Wieder dieser an einen

Krimi erinnernde, lärmreduzierte Pistolenknall. »Man weiss ja nie, wie lange das möglich ist. Herzinfarkte, Verkehrsunfälle, verstopfte Schlagadern, Hirntod. Bums, ist es bereits geschehen. Aus und futsch. So schnell kann es gehen. Und dann kein Foto mehr. Einzig leere Erinnerung bleibt. Ich aber will ein Bild von Ihnen.«

»Ach, sag doch du zu mir, ich heisse Maximilian, man nennt mich Mac. Oder Maxi. Einverstanden?«

Ich finde es wirklich an der Zeit, dass wir uns auch verbal näherkommen.

Als Antwort ein erneuter Blitz und elektronisches Verschlussgreinen.

Leises Kopfnicken dazu.

Und ein Brummen, das nach »Wenn es dir so gefällt ...« tönt.

»Noch zwei weitere, bitte.«

Jetzt mit seiner klaren, hellen Stimme, die ich so mag.

»Man weiss wirklich nie. Pilzvergiftung, Hornissenüberfall, Meuchelmord, geplatzter Blinddarm. Das Leben ist verdammt gefährlich. Lebensgefährlich. Oder denk nur an Kreeeebs.«

Mit sieben lang gezogenen e's bekundet Carlos seine Abscheu, seinen Ekel vor einem solchen Zerfall.

So nehme ich jedenfalls an.

Mich gruseln die Worte des Piccolos.

Schaut sich wohl zu viele DVDs an.

Ein Krimifreund.

Zukünftiger Hoteldetektiv?

Oder jetzt schon?

Was heckt der Kerl gegen mich aus?

So ein unschuldiges Lärvchen.

Was steckt dahinter?

Will er mir eine Falle stellen?

Wird er gleich meine Fingerabdrücke abnehmen?

Auf geschickte, verdeckte Weise natürlich!

»Darf ich Sie, oh Entschuldigung, ganz vergessen, dich bitten, auch eines von mir zu schiessen?«

Ein sanfteres »Päng« jetzt. Wer will sich schon selbst mit Stimmpistolenschüssen Schmerz zufügen?

Da ist sie, die Fingerabdruckfalle!

Ich weigere mich.

Verneine.

Mache auf meine Drahtlos-Telefon-Strahlungsallergie aufmerksam.

»Eine vertrackte Sache«, betone ich und wedle horizontal mit meinem Kopf.

»Verstehe«, antwortet der Piccolo, »aber kannst du die Kameratasche kurz für mich halten? In ihr entsteht keine Strahlung. Damit ich beide Hände für ...«, ein leichtes Überlegungszittern erfasst sein linkes Augenlid, »zum Schnürsenkelbinden frei habe.«

Doch weit und breit kein offener Schnürsenkel. Wo sollten sich denn an den Slippern, die Carlos trägt, Schnürsenkel befinden?

Er bückt sich trotzdem und, ich kann es kaum fassen, nestelt an meinem linken Schuh, der Schnürsenkel besitzt. Ob dieser offen ist, kann ich nicht mehr feststellen. Zu spät! Jetzt ist er zugeschnürt.

Doch ich halte des Piccolos Kameratasche in der Hand und er besitzt jetzt meine Fingerabdrücke und die DNA-Schlüssel zu meinem Wesen.

Somit bin ich ihm für alle Zukunft, bis weit nach meinem Tod, ausgeliefert, folgere ich blitzschnell.

Und da – ist es erneut reiner Zufall oder eine Verkettung von unglücklichen oder glücklichen Umständen – werde ich von einem Blitz, der vom Himmel herniederzuckt, so geblendet, dass ich nur noch Sternchen sehe. Zeitgleich knallt ein Donnerschlag, als falle der Globus in Millionen Lärmpartikel in sich zusammen.

Ich stehe wie zu Salzsäule erstarrt da.

Unbeweglich.

Den Elementen ausgeliefert.

Denn in der Zwischenzeit hat ein prasselnder Regen eingesetzt, gefolgt von kleinen Hagelkörnern, die rasch zu Taubeneiergrösse anwachsen.

Abermals ein gleissend greller zuckender Schein.

Unendlicher Schmerz!

Kein Donnerknall.

Kein Carlos mehr.

Und alles versinkt in tiefste Dunkelheit.

»Aber von Blitzschlag hat Carlos doch nicht gespr...«

GEDANKENFREIHEIT

Gedanken sind frei!

Oder etwa nicht?

Das dachte ich mir auch, bis …, ja, bis zu jenem Tag, als ich im Hotel Freiheit abstieg.

Es war ein kleines Haus. In einer Seitenstrasse der Hauptstadt gelegen. Einzig das blaue Hotelschild leuchtete übergross und hell, so gar nicht zur Bescheidenheit des Gebäudes mit seinen dunklen, von Moosflechten befallenen Gemäuern passend. Die schwere Pendeltüre, die ich aufstiess, quietschte fürchterlich, beinahe so, als ob diese seit Tagen nicht mehr geöffnet worden wäre. Die Empfangstheke aus Mahagoniholz musste bessere Tage gesehen haben. Auf ihr schlummerte eine getigerte Katze, bewegte nicht einmal ein Augenlid. Der Trägheit und Grösse nach musste es sich um einen Kater handeln. Eine ziselierte manuelle Messingklingel aus dem frühen letzten Jahrhundert zierte das Holz, in dem sich schon viele Spuren verewigt hatten. Im fensterlosen Raum lag abgestandene Nachtluft, eine Mischung aus billigem Parfüm und einem undefinierbaren, aber starken alkoholischen Getränk. Ich betätigte die Klingel mit dem Handballen meiner linken Hand. Zum besseren Verständnis muss ich ergänzen, dass ich, trotz der verzweifelten Versuche meiner Eltern und der oft brachialgewaltigen Lehrer, Linkshänder geblieben bin. Meine linke Hirnhälfte ist besser ausgebildet, wie mir bei einer von mir gewünschten und von der Krankenkasse bezahlten Untersuchung attestiert wurde. Die rechten Hirnlappen seien zwar nicht verkümmert, aber trotz allem nicht in Normgrösse entwickelt, was die Ursache meiner häufig mir Schwierigkeiten bereitenden, überquellenden Fantasie sei, einhergehend mit einer beinahe krankhaften Freiheitsliebe, wie mir der Arzt, dessen Stirn sich dabei in unzählige Falten legte, kundtat. Und tatsächlich spielte mir meine Vorstellungskraft oft unheimliche Streiche. In einer harmlosen Wolke vermutete mein Hirn urplötzlich einen Atomunfall. Ein »einäugiges« Auto, das mir entgegenfuhr, war ein Mafiaboss auf der Flucht, der bestimmt jede Sekunde die Herrschaft über sein Fahrzeug verlieren und in mich hineinkrachen würde. Eine

Flasche klares Mineralwasser war sicher verunreinigt, und zwar nicht auf einfache Art, nein, mein Geist gaukelte mir vor, dass ein Abfüller an einem eitrigen Ausschlag gelitten und exakt das in meine Hände gelangte Exemplar aus dem Fliessband gehoben und kontaminiert habe. Ein kleiner Pudel sei bestimmt von einem tollwütigen Fuchs gebissen worden, der Mond werde demnächst auf mein Haus fallen, der Kirschbaum habe sich mit Aids angesteckt, die Löcher im Käse habe eine junge Ratte gebohrt, die Räder des Eisenbahnwaggons könnten unvermittelt statt rund zu sein eckig werden … Es gab kaum einen Gegenstand oder eine Situation in meinem Leben, die nicht ins Absurde weisen konnte. Sprach mich eine hübsche Frau an, nachdem ich sie lange angesehen hatte, um mich an ihrer Schönheit zu ergötzen, war ich überzeugt, dass meine Freiheit gefährdet sei. Wenn ich meinem Steckenpferd, dem Angeln, frönte, dachte ich, dass der Fisch sich für sein Ableben rächen werde und mich in seinem künftigen Haidasein in Stücke zu reissen wüsste, falls ich nur einen Schritt an die Gestade des Meeres wagen würde. Ich litt wahrlich unter diesen Zuständen, das Leben schien mir oft nicht mehr lebenswert und der einzige Trost, den ich hatte, war das Gutachten des Arztes, der mit den Hirnlappen alles zu erklären wusste. Was half mir aber das?

Rein gar nichts, wenn ich ehrlich sein will. So gut wie nichts. Nullkommanullsiebenfünfdreiachtnichts. Wobei sich hinter diesem Nichts das gesamte ewige Nirwana verstecken kann, das mich unablässig in seinen Schlund saugt. Ist denn unser Leben nicht endlich und bewegen wir uns nicht Schritt für Schritt auf dieses für jeden einmalige Ereignis zu?

Doch zurück zu meinem Bericht.

Zurück zum Hotel mit dem Namen Freiheit.

Zurück zur Empfangstheke aus Mahagoni.

Zurück zur Katze, die ein Kater ist.

Zurück zur Klingel, die ich eben mit meinem linken Handballen betätigt hatte.

Vorerst geschah nichts.

Nullkommanullsiebenfünfdreiachtnichts.

Dann, nach mehreren Minuten, vernahm ich schlurfende Schritte.

Ein altertümlich in einem seidenen Morgenmantel gewandeter Herr mit einem Zwicker auf der Nase schritt aus einem Hinterraum, mich über die Gläserränder vorwurfsvoll anblickend, an einem Stock mit Silberknauf gehend, zur holzigen Abschrankung, die mich von ihm trennte.

»Sie wünschen?«

Die Worte musste ich beinahe erraten, denn mehr als ein Lufthauch kam nicht über seine strengen, beinahe eingefrorenen Lippen. Die Stimmbänder des Greises mussten auch unter dem Gefrierpunkt liegen, denn die eisige Stimmung, die diese verbreiteten, war körperlich kaum zu ertragen.

»Übernachten!«, bemerkte ich kurz und kühl, denn meine Zunge fror scheusslich und ich hatte kein Gewand für sie in meinem Gepäck.

»Sind ausgebucht!«, lautete seine knappe, auf Trockeneis servierte Antwort, wobei sein Auge meinen Körper abtastete und dabei eine immer grösseren Abscheu zum Ausdruck bringende Farbe annahm. Ich fühlte mich abgelehnt, verstossen, ausgegrenzt, wie es mir bisher noch nie widerfahren war.

Am Schlüssel- und Postboard der Rezeption sah ich alle Schlüssel mit ihren antiken Quasten aufgereiht, vier Stockwerke hoch, Schlüsselaufenthaltsstockwerke selbstverständlich, die aber auf die vier Etagen des Hotels hinwiesen. Kein Einziger fehlte. Der greise Hotelhüter mit dem umfassenden Augentastappetit verfolgte meinen Blick und entgegnete: »Sie benötigen keine Schlüssel mehr …« Kalt lief es mir bei diesen Worten vom Haaransatz bis zum Steissbein hinunter. Langsam suchte sich der Schauer seinen Weg, es fühlte sich an, als ob meine Nervenbahnen von einem Gift in den Halbbetäubungszustand versetzt nur noch in Zeitlupe zu reagieren vermochten.

»Doch, doch«, fuhr er jetzt mit einer um drei Zentigrad wärmeren Stimme beinahe frohlockend fort: »Für dich haben wir noch das kleine Zimmer im Dachgeschoss. Keine Aussicht zwar, aber durchaus angenehm. Eine Freiheit, die dir von mir geschenkt wird, weil du sie dir nicht selbst kredenzen willst.« Nach diesen Worten bemerkte ich, wie des Herren Zwicker immer heller wurde, beinahe wie ein Brennglas, und meiner Seele habhaft wurde, sie extrahierte, mich – welcher Teil meines Selbst es war, hatte keine Bedeutung mehr – unters Dach geleitete, auf Flügeln. Und seither sitze ich in diesem Raum ohne Aussicht wartend auf der Bettkante und erfreue mich der Freiheit, keine Gedankenfreiheit mehr als mein Eigen zu besitzen, denn jetzt ist alles klar und festgeschrieben. Es gibt kein Entrinnen mehr in einer Welt, die einzig auf Fantasie beruht. Ich lebe dankbar tief in ihr.

ER SPRACH MIT DEM FEUER

Jeden Abend sitzt Herr Abrutschenko vor dem Feuer, das im Kamin der Bar brennt. Sitzt den ganzen Abend dort. Ab fünfzehn Uhr fünfundvierzig, wenn ich genau berichten will.«

Der Empfangschef des Nobelhotels, ganz in schwarz gekleidet, zeigt auf eine Gestalt, die sich dunkel von dem rotgelb züngelnden Feuer abhebt.

»Vor ein Uhr morgens verlässt Herr Abrutschenko das Feuer nicht«, fährt er mit leiser Stimme fort, als wolle er den Gast nicht stören.

»Keine Sekunde verlässt er es. Geschweige denn eine Minute. Weder zum Essen erhebt er sich noch zu einem Getränk und selbst wenn der Barmann sich diskret nach seinen Wünschen erkundigt, schüttelt Herr Abrutschenko nur sein mit grauer Mähne umlaubtes Haupt, ohne dem je ein Wort oder einen Buchstaben über seine Lippen kommt. Diese sind tagein, tagaus fest aufeinandergepresst, gleich einem Grenzzaun oder einer festen Umfriedungsmauer, lassen es nicht zu, dass Herr Abrutschenko sich ausdrücken kann, darf oder will.

Jedes Jahr, jetzt bereits zum siebenundzwanzigsten Mal, gibt er unserem Hause die Ehre. Um ihn herum ranken sich, als sei er ein undurchdringlicher Urwald, Legenden, Gerüchte, Sagen, ja Märchen, die von einer Auszubildendengeneration zur nächsten, natürlich mit entsprechenden Verwerfungen und Steigerungen, weitergetragen werden. Immer hat der jüngste Kellnerlehrling die Pflicht, dem stummen Herrn sein Essen in die Bar zu tragen, ihm dieses in aller Form zu kredenzen, denn die Direktion unseres Fünfsternehauses legt grossen Wert auf den allerbesten Erste-Klasse-Service im ganzen Land. Und so entstehen denn die Legenden, die Sagen, Märchen und Gerüchte. Der eine Lehrling sah kürzlich Lippen statt Sterne in Herrn Abrutschenkos Augen, Lippen, die mit dem Feuer sprachen. Ein anderer behauptete, der Gast sei blind, er hätte mit seiner Servierserviette vor dessen Augen gewedelt wie ein glückserfüllter Hund mit seinem Schwanz, der endlich, nach Jahren, seinen Meister wiedersieht. Doch Herr Abrutschenko hätte nicht einmal mit dem linken Augenlid gezittert oder gar gezuckt. Eine Lehrtochter beschwor, er sei der Leibhaftige in Person, denn sie hätte gesehen, dass er eine Versammlung böser Geister mitten während des Dinners, zwischen erster und zweiter Vorspeise, abgehalten habe und dabei mit seinem Löffel die zutraulichen, furchtbaren Luftgestalten gefüttert und verhätschelt habe. So folgt Jahr für Jahr eine Geschichtenschicht der anderen.

»Ein Literaturarchäologe könnte fein säuberlich«, so erläutert mein Gesprächspartner, dem ich an den erzählenden Lippen hänge wie ein neugieriges Kind, »sanft und vorsichtig Abtragarbeit leisten, um dann auf den Grund zu stossen, auf den Ursprung, der mich als Hotelmanager im Rang eines Vizedirektors sehr interessiert. Mir ist daran gelegen, des Rätsels Lösung vor meinem Aufstieg zum obersten Chef des Hauses, der in Kürze, so hoffe ich jedenfalls, bevorsteht, zu ergründen. Trauen Sie sich diese Arbeit zu? Ich jedenfalls lade Sie von Herzen dazu ein – oder besser ausgedrückt: mit ganzer Seele. Denn ein Haus, in dem sich unergründete Rätsel wie versteckte Schlangen verbreiten, kann kaum Glück bringen, ich sage das ganz unter uns und zu Ihnen als Schriftsteller und nicht als Gast. Übrigens, ich muss mich leider verabschieden, viel Arbeit wartet auf mich. Nebenbei bemerkt, der Feuersprecher – so lautet Herr Abrutschenkos Spitzname – wird noch drei volle Tage und Nächte hier im Hotel weilen, Zeit genug für einen forschen Forscher«, bemerkt mein Gesprächspartner mit einem verschmitzten Lächeln auf den Stockzähnen, bevor er mich in Richtung Speisesaal verlässt.

Jetzt sitze ich in der Bar, mit einer unlösbaren Aufgabe konfrontiert, denn ich habe weder Literatur noch Archäologie studiert. Es verbleiben mir zweiundsiebzig Stunden und die Lippen des Feuersprechers sind immer noch so schmal wie zuvor. Ein Ansprechen wird kaum von Erfolg gekrönt sein, da muss ich mir schon kreativere Wege einfallen lassen.

Eine Befragung des Lehrpersonals?

Herausfinden, ob jemand nach Jahren seiner Ausbildung erneut in diesem Hause tätig ist, mir Quellentexte liefern kann?

Durch Altersgrenzen ausgeschiedene, im Ruhestand friedlich lebende frühere Mitarbeiter aufsuchen und befragen?

›Zu wenig innovativ‹, gebe ich mir selbst zur Antwort. ›Da musst du dich schon mehr anstrengen.‹ Eine Sorgenfalte in Form eines dicken, markanten V's gräbt sich in meine hohe, von einem Kahlkopf gekrönte Stirn. Ich fühle die V-Verwerfung auf meiner Haut. Denke stumm: ›Immerhin ein Siegeszeichen!‹

›Beobachten und Tee trinken‹, rät nach kurzer Überlegungspause mein Verstand. Doch meine Zunge will sich ihm wie üblich nicht fügen, verlangt Freiheit und nimmt sich diese sogleich. Lippendick.

»Hallo«, begrüsst sie den Feuersprecher. »Hallo, ich bin Schriftsteller und möchte, ganz ehrlich gesagt, hinter Ihr Geheimnis kommen. Sie würden mir, werter Herr Abrutschenko, einen unsagbaren« – ach, wie komme ich auf dieses Wort, wenn ich es doch ausspreche – »Sie würden mir einen grossen Dienst erweisen, wenn sie mir das Rätsel Ihrer Wortlosigkeit entschlüsseln würden, denn damit könnte ich die Stelle als Hotelchronologe – eine solche ist ausgeschrieben und deswegen bin ich auch hier zu Gast – zugesprochen bekommen. Sie wissen ja, das Schreiben ist ein brotloser Beruf und wenn ich schon an eine solche Möglichkeit herankomme, Sie verstehen sicher …« Meine Augen zügeln jetzt die eigene Zunge, denn sie sehen, dass des Feuersprechers Lippen sich kräuseln, als würde eine leise Brise über flächiges Wasser huschen. Und tatsächlich dreht mir jetzt der Herr sein Haupt zu. Sieht, so scheint es mir, durch mich hindurch. Doch eine eigenartige Wärme durchflutet in diesem Augenblick meinen ganzen Körper. Zuerst strahlen meine Zehenspitzen und die Fingerbeeren. Hitze verbreitet sich mit rasender Geschwindigkeit durch mich hindurch. Es fühlt sich an, als ob ich ein Wüstensonnenbad geniessen würde. Die Haut prickelt. Und Herrn Abrutschenkos Blick haftet noch immer an unsäglich Unbekanntem hinter meinem Rücken. Oder sind die Pupillen auf mein Rückenmark gerichtet?

Die Hitze in mir entwickelt sich zu schwarzem Pfefferfeuer!

Mein Herz!

Es brennt!

Und da vernehme ich die tonlose Stimme.

Es muss der Feuersprecher sein.

»Höre«, vibriert mein Zwerchfell. Es ist, als ob mich jemand ansprechen würde!

Ich jedenfalls gebe keinen Laut von mir. Meine Lippen sind fest verschlossen.

»Höre, ich will mit dir reden! Verstehst du mich?«

»Ja«, antworte ich stumm und erschrocken, sehe den Flammen zu, die aus meinem Herzen lodern.

»Endlich glühst du!
Dein Herz brennt!
Du lebst!
Das Eis ist gebrochen.
Ich bin einsam!
Willst du mir in Zukunft Gesellschaft leisten?
Mein flammendes Herz mit deinem verbinden?
Ein ›Ja‹ sprechen zum Feuer?
Dann nimm Platz!«
Und ohne mit der Wimper zu zucken, setze ich mich an die Glut.
Sehe deren Flammen, die zu mir sprechen.
Mich bescheinen,
mir Wege zeigen.
Weisheiten vermitteln.
Jedes Flämmchen seinen Beitrag.
So unzählige.
So unendliche.
So unermessliche.
Ein Universum.
Eine Milchstrasse voller Wissen.
Unergründlich.
Unerschöpflich.

Und nur aus der Ferne, Schalläonen von mir entfernt, höre ich den jungen Auszubildenden, der mit Erstaunen sagt:

»Der Feuersprecher hat sich zweigeteilt. Muss ich von nun an doppelte Rationen bringen?«

ALLES

»Alles!«, sagte der Gast.

»Bitte?«, antwortete ich, denn mein Dienst im Zimmer-service war in jener Nacht ausgesprochen flau. Ich hatte mir sogar ein Nickerchen leisten können, bevor das schwarze Telefon mich aus einem wundervollen Traum riss, bei dem ich mit meinem Angebeteten auf einer rosaroten Wolke durch das Land der ewigen Liebe schweben durfte. Also etwas verärgert war ich schon, der Schimäre »valet« zu sagen, denn in der rohen Wirklichkeit besass ich damals weder einen Freund noch eine rosafarbene Wolke. Wenn ich ehrlich bin – und das will ich sein, denn der Vorfall, den ich Ihnen erzähle, klingt so unwahrscheinlich, dass ich Vertrauen aufzubauen habe, ansonsten werden Sie mir die Geschichte niemals abnehmen – besass ich bisher und auch jetzt nicht nur keine Wolke, sondern auch kein Freund. Mein Leben besteht aus Arbeit, aus Nachtdiensten, aus servilen Handlungen mit Hoffnung auf kräftige Trinkgelder, die sich selten erfüllt, denn je krösiger, desto geiziger! Ist der Ausdruck »krösig« dudenwürdig? Ja, wenn ich ihn ausspreche, ist er es! So viel Selbstvertrauen habe ich aufgebaut. Selbstvertrauen ist der Schlüssel für das Fliegen auf Wolken, denke ich. Klar liegt auf der Hand, dass Geiz dort wohnt, wo Krösus absteigt, denn nur Sparsamkeit führt in den rosafarbenen Bereich und sparsam bin ich bei Gott nicht. Wie gewonnen, so zerronnen, warf meine Grossmutter mir stets vor, wenn sie sah, wie ich das geschenkte Geld verplemperte. Und so ging es mir das ganze Leben. Selbst, als ein Scheich mit Burnus und dunkler Sonnenbrille Gefallen an mir fand – zum Donnerwetter, ich bin doch kein gefallenes Mädchen, dachte ich damals –, mir einen Haufen Banknoten seines Landes in die Hand drückte und ich nach Feierabend mit einer Einkaufstasche zur Bank marschierte, dort wegen der Menge loser Scheine dieses Ölmärchenlands beinahe verhaftet wurde und den gesamten Vormittag, gegen den Schlaf ankämpfend, auf dem Polizeipräsidium verbringen musste. Als ich schliesslich das Geld in unserer Währung ausbezahlt bekam, legte ich es unter mein Kopfkissen, leistete mir drei Monate lang jeden Wunsch, den ich in den eigenen Augen las. Und das waren wahrlich nicht wenige. Denn mein Augenhintergrund ist tief wie der Graben im Atlantik, zumindest was die Begehrlichkeiten betrifft. Leider nicht hinsichtlich der Anziehungskraft, sonst wäre schon mancher Mann darin versunken und aufgesogen worden. Jedenfalls war das Kopfkissen bald wieder auf seine ursprüngliche Höhe oder Tiefe abgesunken, ganz wie ich es zu betrachten beliebte. Ich war jetzt erneut auf Augenhöhe mit ihm und es blickte nicht mehr von oben auf mich herab.

Aber darüber wollte ich gar nicht mit Ihnen sprechen. Nein, ich berichtete von der Nacht, in der dieser komische Kauz ins Telefon bellte, als sei ich ein Angreifer, vor dem er sich zu verteidigen habe:

»Alles!«, und ich antwortete:

»Bitte?« Er wiederholte sein »Alles« und ich mein fragendes höfliches »Bitte?«, welches noch vom eben erlebten rosafarbenen Himmel nur so zu triefen schien.

»Bringen sie alles«, entwich Lärmpollutionsfäden ziehend seine Stimme aus der Membran. »Einfach alles!«, polterten die letzten Worte auf den Tisch des Zimmerservice-Vorbereitungsraums und kullerten zerbrechend zu Boden. In meinem Halbschlaf war ich überzeugt, dass aus den Hülsen Wortsamen brachen, die sich unendlich schnell zu verbreiten wussten, denn alles musste Raum und Zeit auffüllen, ob mir das lieb war oder nicht.

»Alles?«, erwiderte ich verstört, wobei ich wie eine Raupe im Einspinnprozess immer mehr von den blühenden Wortsamen zuerst umrankt, dann eingehüllt und schliesslich keiner Bewegung mehr fähig wie gefesselt auf meinem Stuhl sass. Einzig der Gedanke, dass Raupen Schmetterlinge werden, gab mir genügend Kraft, in dieser Situation still zu sitzen, denn mein feuriges Temperament war nicht nur bei meinen Freundinnen bekannt, nein, auch im Hotel kannte es so gut wie jeder. Dies war denn auch der Grund, mich im Nachtdienst einzusetzen, bei dem mir keiner in die Quere kommen konnte.

So sass ich da, sah auf den schwarzen Hörer und liess meine Gedanken entfliegen. Sie waren ja nicht – wie ich – gefesselt und das Einspinnen half ihnen auszuschwärmen, das Alles, was der Gast sich wünschte, zu erfinden. Während ich »Ja, einen kleinen Augenblick« in den Hörer hauchte, der mir vorkam wie ein schwarzes Loch, das alle Materie, selbst mein Denken, anzusaugen in der Lage war, begannen meine Gedanken sich die Hand zu geben, stiegen auf ins

Firmament, ins All und suchten verzweifelt nach dem Es, damit der Besteller seinen Willen bekomme. Spiralnebel umkreisend, weisse Riesen untersuchend, Sternenhaufen ausgrabend, Lichtgeschwindigkeit beugend überholte mich auf einen Schlag das Echo des Wortes »alles«, schnitt meine Fesseln durch und entledigte mich Schrank um Schrank seines Inhalts. Lud diesen auf einen Rollbehälter, zierte ihn nicht mit Petersilie, nein, ich legte die Probleme meiner Seele, natürlich wundervoll drapiert und von einer riesigen Kirchenkerze herzhaft und gemütsvoll beleuchtet, oben auf den Wagen – es war der grosse, der kleine hätte niemals gereicht –, nahm Pegasus als Zugpferd und begab mich zu meiner Stimme. Im Hotel ohne Gäste nämlich, in dem ich seit Jahren hause, im leeren Zimmerserviceraum, der meine Wohnung ist, kann einzig mein vokaler Ausdruck die Ursache der Störung sein.

DAS GARTENHOTEL

Schon seit mindestens zwei Jahren bekomme ich die Prospekte zugesandt.

Woher die meine Anschrift haben? Ich weiss es nicht. Oder doch, wenn ich so verzwirbelt denke wie diese Marketingheinis. Ich hatte tatsächlich beim Besuch der letzten Gartenschau vor mehr als zwei Jahren mit meiner damals neuen Liebe einen Wettbewerbszettel zum Gewinn einer »vegetarischen Weltreise« in einen Baumstamm eingeworfen, den man als Sammelbecken für die Teilnahmescheine eigens ausgehöhlt hatte. Zur Erklärung: Meine damalige Freundin hiess Karin und war Gärtnerin, nein Botanikerin von Beruf, nein, aus Berufung, wie sie stets betonte.

Eines muss ich zum besseren Verständnis noch nachtragen: Karin war beileibe nicht Vegetarierin, ganz im Gegenteil: Sie war überzeugt davon, dass Pflanzen ein höheres Lebensbewusstsein besässen als Wesen, die sich frei bewegen können. Denn dieses Vor-Ort-Verharren sei dasselbe, wie wenn Menschen auf Nahrung verzichteten, also fasteten. Und wer als Mensch Nahrung entbehre, sei unter die Spezies des Homo sapiens – meine damalige Freundin verstand es, diese Worte voller fleischlicher Lust auszusprechen, sodass ich liebend gerne das Gespräch auf dieses Thema lenkte – zu subsumieren. Im Gegensatz zu uns Menschen jedoch würde eine ganze Gattung, nein, der gesamte vegetabile Schöpfungsteil auf jegliche Mobilität verzichten. »Da soll noch jemand behaupten, Pflanzen seien niedere Wesen«, fügte sie mit loderndem innerem Feuer an dieser Stelle des fast schon rituellen Gesprächs hinzu.

So hatte Karin bereits mit siebzehn Jahren davon abgesehen, jegliche noch so geringe pflanzliche Kost zu sich zu nehmen. Die einzige Ausnahme, die sie zuliess, war die Wanderalge. Denn diese hatte ja noch nicht die Stufe des Verzichts erreicht, die für meine damalige Flamme als Türöffner für höhere pflanzliche Weihen galt. Meine zartblonde Freundin ernährte sich also von rein fleischlicher Substanz, mal abgesehen von den Wanderalgen, deren Verzehr dafür ins beinahe Unermessliche stieg. Aus einem Trockenpulver, das in den

Weiten des Fernen Ostens hergestellt wurde, bereitete sich Karin ein grünes, gelegentlich auch schwarzes Mus zu. Zudem ergötzte sie sich an Joghurt, Milch und Käse. Als ich ihr zum Spass vorhielt, die Milchprodukte beruhten auf Ausscheidungen von Vierbeinern, die schlimmste Pflanzenmörder in unerhörtem Ausmass seien, wurde Karin so wütend, dass Fleisch verzehrende Flammen aus ihren Augensternen schossen:

»Du bist noch so fern jeglicher Denkerkenntnis, dass ich nur Mitleid mit einem solchen Wesen wie dir, falls du überhaupt eines bist, haben kann.«

Ich wäre nach dieser bitteren Schelte am liebsten tief im Boden versunken, wäre dieser nicht mit Gras bedeckt gewesen. So unterliess ich diesen Schritt lieber, denn ich wollte unseren pflanzlichen Verwandten nicht noch mehr Schaden zufügen, als ich ihnen in Taten und Gedanken schon angetan hatte.

Weshalb nur kreisen meine Gedanken um Verflossenes, Vergangenes? Ist es allein der Wermutstropfen in meiner Leber, der einen Ausgang sucht? Karin, so dachte ich, hätte ich längst überwunden und doch beschleicht mich Schmerz bei dem Gedanken an unsere gemeinsamen Stunden. Niemand hat mich je so gut verstanden wie sie. Niemand meine Gedankenpfade so präzise abschreiten können, als sitze in ihrem fein geschnittenen Näschen ein Radarblock von drei Tonnen.

Entschuldigen Sie die Nebensächlichkeiten, ich wollte doch nur von diesen Farbprospekten reden, die regelmässig meinen Briefkasten belegen und mir eine Gartenhoteltraumwelt vorgaukeln, in der ich mir Karin als Rose mit sachte streichelnden Dornen denke. Rosen, die streicheln und nicht stechen, welch selige Vorstellung!

Doch Schluss jetzt mit der Träumerei! Ein für alle Mal! Nächstes Wochenende werde ich mich im Gartenhotel verwöhnen lassen. Mit allem drum und dran an Pflanzen, Gärten, Pflanzenskulpturen, schattigen Winkeln mit Irrgärten aus duftenden Hibisken und Kakteen, flauschigen Moosflächen, die zum Verweilen einladen. Das Geheimnis muss gelüftet, Karin mit ihrer fleischlichen Lebensweise aus meinem Schädel vertrieben werden, auf dass ich endlich ein neues Leben beginne. Ich greife zum Telefonhörer, der sich seltsam gräsern anfühlt und wähle die Nummer des Hotels.

Eine blütenreine Stimme in dunkelviolett sagt:

»Hallo!«

Die Stimme riecht nach Jasmin mit einer Prise Lorbeer. Buchs klingt darauf im Ohr tiefenwirksam nach.

»Bin ich mit dem Gartenhotel verbunden?«

»Ja«, flötet die Stimme und in den Tiefen meines bereits vermoosten Zwerchfells – ich hatte in den letzten Jahren wirklich nichts zu lachen – erinnert sie mich an die von Karin.

Schon wieder Karin. Selbst bei der Suche nach Erholung und Vergessen!

»Ich möchte einige Tage in Ihrem Hotel verbringen.«

»Möchten Sie ein Gartenhäuschen buchen?«

»Ein Gartenhäuschen?«

»Ja, wir sind ein Gartenhotel«, tönt es in leichten Regenbogenfarben aus der Muschel, begleitet sind die Worte vom Duft frisch geschnittenen Grases.

»Für eine Person«, entgegne ich.

»Wie gross sind Sie?« war die Gegenfrage, die jetzt nach feuchter mit Regensprühern vollgesaugter Erde duftet.

Welche neuen Technologien werden da angewandt, frage ich mich – seltsam, jedes Wort mit dem treffenden Geruch.

»Weshalb wollen Sie das wissen?«

»Für die Gartenbehörde!«

»Gartenbehörde, was ist denn das?« Die letzten Worte riechen moderig.

Sondern meine Worte denn jetzt auch einen Geruch ab?

»Alles muss seinen richtigen Weg gehen. Seine Ordnung haben. Seine präzise einzuhaltende Ordnung: Gartenhotel – Gartenbehörde, Stadthotel – Stadtbehörde, Dorfhotel – Dorfbehörde. Also, welche Grösse bitte?«

»Einhundertzweiundneunzig Zentimeter oder ein Meter und zweiundneunzig Zentimeter oder wollen Sie es in Millimetern oder in Inches oder in einem sonstigen Mass wissen? Also › XXL longsleeve‹ tut es auch.«

»Long leaves, nun da muss ich Ihnen einen Zuschlag berechnen. Ein extragrosses Gartenbeet.«

»Wie bitte, ein Gartenbett?«

»Wie Sie wünschen. Ich wiederhole: ein Gartenbeet für einhundertzweiundneunzig XL, long leaves.« Eine Pause mit Kritzeltönen, die nach Bittertinte riechen, folgt.

»Anreise?«, fährt schliesslich die Stimme fort.

»Morgen.«

»Welche Uhrzeit?«

»Zwölf Uhr fünfundvierzig.«

»Haben Sie irgendwelche Unverträglichkeiten, Allergien?«

»Nein.«

»Besondere Wasserwünsche?«

»Ohne Kohlensäure?«

»Allergien auf besondere Düngemittel wie zum Beispiel Kali?«

»Hmmm?«

»Nun, wir sind ein Gartenhotel und arbeiten mit Fertilisatoren – keiner unserer Gäste soll darunter leiden. Wir wollen einen perfekten Aufenthalt auch für Sie.«

»Danke.«

»Bitte sehr. Ich wünsche eine angenehme Reise. Und vergessen Sie Ihre Badesachen nicht, Sie wissen ja, tropische Pflanzen gedeihen hierzulande allein unter feuchten Bedingungen, die wir selbstverständlich herzustellen wissen.«

Ich packe also meine Siebensachen, begebe mich dann in mein vegetarisches Stammrestaurant, um mich für das nächste Wochenende abzumelden, denn ich mag die neue Kellnerin in ihrem adretten grünen Kleidchen sehr, bin fast etwas verliebt in sie, wäre da nicht ihre Verbindung zu Karins Ansichten, der Dienst zu Mord und Totschlag. Schliesslich sorgt Hannah, so heisst die Hübsche meiner pflanzlichen Mahlzeiten, täglich für so viele Pflanzentode, dass ich, möchte ich Karins Andenken nicht schänden, mich keineswegs auf eine Liaison mit ihr einlassen darf.

Die Speisen schmecken auch heute vorzüglich, ja geradezu göttlich, sodass mich zum wiederholten Male berechtigte Zweifel an der Karinschen Theorie in den Eingeweiden zwicken. Das ist denn auch der Grund, weshalb ich das Lokal trotz des angekündigten wurmfreien Kirschkuchens vorzeitig verlasse, zur Biotankstelle fahre und einzig des günstigen Preises wegen eine weitere Todsünde, zumindest in Karins Augen – da bin ich mir ganz sicher –, begehe: Ich fülle meinen Wagentank randvoll mit Kraftstoff und danach noch meine zwei Kunststoffkanister. Aber Vergessen heisst auch, Karins Regeln zu brechen, die Ernte mit hässlichen Geräuschen einzubringen wissen. Und dazu bin ich fest entschlossen.

Schwer beladen mit Gewissensbissen mache ich mich auf meine Reise. Ich frage mich, wie viel tausend Pflanzen wohl ihr Leben lassen mussten, damit ich mir den Luxus leisten kann, das zu tun, was diesen ihr ganzes langes Leben verwehrt ist, nämlich meinen Standort um genau dreihundertdrei Kilometer zum Gartenhotel hin zu verschieben. Ich benötige nach meiner Berechnung dafür vier Stunden und fünfundfünfzig Minuten. Getröstet werde ich auf der Fahrt von den endlosen sonnengleich gelb leuchtenden Raps- und den dunkelrotes Feuer speienden Mohnfeldern, denn den Blüten scheint ihr Leben, trotz des vorhersehbaren baldigen Tods, durchaus zu behagen. Auch als ich mich fleischlichen Gedanken hingebe, die mich auf langen Strecken am Steuer stets heimsuchen, murren sie nicht:

Hannah, die dunkelbraune Kellnerin, sitzt neben mir, hält mir die Hand, streicht sanft über meinen schon lichten Haaransatz, summt leise vor sich hin. Und spricht so gar nicht von höherer pflanzlicher Liebe, Stempelbefruchtung und heiligem Blütenstaub, wie es meine verflossene Liebe, mich dabei immer zur Weissglut treibend, stets tat. Nein, Hannah schweigt mit offenen sinnlichen Lippen, ist, obwohl nicht wirklich und einzig durch meine Gedanken geformt, der Inbegriff fleischgewordener Lust auf dem Beifahrersitz.

So hänge ich meinen schwebenden Hirnwindungen nach und versuche, durch kluge und doch rasante Fahrt nicht die Bodenhaftung zu verlieren. Ganz ohne Halt lasse ich mich durch die freundliche Stimme, die heiter und unbeschwert aus dem Empfängerlautsprecher tönt, navigieren, gehorche ihr aufs Wort und vollziehe gar Kehrtwendungen, wenn sie dies wiederholend befohlen hat.

Gegen achtzehn Uhr sehe ich von Weitem ein grünes Leuchten am Horizont, das ich zunächst als Abstrahlung einer Wasserfläche auslege und erst beim Näherkommen als riesigen vertikal aufgebauten Wald erkenne, der Tausende von Meter, Baum über Baum, bis hin zur Stratosphäre reicht. Nicht Stamm neben Stamm reiht sich hier aneinander, nein, ein Baum steht über dem anderen, über jedem Wipfel, soweit ich nach oben blicken kann, lässt ein weiterer Baum seine Wurzeln friedlich baumeln, hält hier einen Vogel damit fest und dort ein Reh, die dadurch – so hätte Karin es ausgelegt – in den höheren Stand der Unbeweglichkeit versetzt, ja wörtlich erhoben werden. Wurzeln greifen jetzt auch nach mir, heben mich hoch. Meine Seele baumelt neben einem fetten schwarz schillernden Mistkäfer, der das Wort »Mist« im Sonnenlicht aufblinken lässt, als sei es die Warnleuchte einer Grossbaustelle. »Die Grossbaustelle, die du darstellst«, flüstert Karin in meinem Innenohr. Wie ist sie nur dorthin gelangt?

Als ein hässliches blechernes Kratzen ertönt, bin ich augenblicklich sicher, dass auch ich zur Speise meiner eigenen Wurzeln werde. Doch dann wache ich voller Schrecken aus meinem Halbschlaf mit seinen tag- und nachtgleichen Träumen auf und sehe, dass ich an einer Brücke eine eiserne Absperrung geschrammt habe und somit aus meiner Verästelung mit dem vertikalen Wald gerissen wurde. Ich stelle das Warndreieck auf, ziehe gesetzeskonform die hässliche orangefarben leuchtende Sicherheitsweste über und betrachte den Schaden an meinem Wagen. So wie es aussieht, wird dieser bei seiner Behebung finanziell nicht unerheblich sein.

›Du darfst nicht so viel träumen‹, tadelt meine Unterlippe meinen linken Eckzahn, aber es ist der rechte, der nickt und Einsicht zeigt, der linke weilt noch auf der Seite der Träumer und beneidet den Stockzahn, der so verbissen auf seinen unteren Nachbarn presst und dabei noch vom Lachen auf den Stockzähnen spricht oder doch sprechen würde, wenn er nicht, so gestaucht, zur Wortlosigkeit gezwungen wäre. ›Doch‹, räsoniere ich, stumm ist auch das Schicksal des Stockzahns wie das des Zahns der Zeit und jenes vieler Menschen.

Lass dir die wundervollen Tage im Gartenhotel nicht durch Peanuts verderben. Solange der Wagen rollt, sind Dellen und Beulen nicht die Welt. Denk an den Mars, der hat noch viel mehr solcher Zier zu tragen als dein fahrender Untersatz. Los, hinters Steuer klemmen und schnurstracks zum Gartenhotel! Es sind nur noch zweiundsiebzig Komma acht Kilometer zu fahren. ›Aber ein Kaffee könnte dich auf den rechten Pfad der Wachen bringen‹, flüstern meine Hirnwindungen meinem Bewusstsein pulsierend zu, während mein Schädel fast wie der Dieselantrieb eines mittelgrossen Schiffs zu brummen beginnt.

Habe ich mir den Kopf angestossen? Habe ich giftige Nahrung zu mir genommen? Beim Wegfahren von der geschrammten Brücke war erst ein leichtes Schädelsäuseln vernehmbar, das aber rasch ein beachtliches Crescendo hinlegt. Nun denn, ein starker Doppelter kann sicherlich nicht schaden, los also und zur nächsten Servicestation, um meinen Hirnzellen zu gehorchen – zu oft schon habe ich vor ihnen Fahnenflucht begangen. Meist mit katastrophalem Ausgang, wie auch das linkische Streicheln des Brückengeländers erneut bewiesen hat.

Der Kaffee schmeckt himmlisch. Er könnte Tote zum Leben erwecken, also auch mich, denn war ich nicht auf meiner Halbschlafreise Gevatter Tod näher gewesen als jemals zuvor? Ein anderer Fahrtwinkel zur Brücke und pluffff – keine Gedanken mehr! Sie wären allesamt entschwebt ins dunkle schwarze Loch, in dem es sicherlich so kalt ist, dass einem jedes Denken vergehen muss – kristalline Gedankenflocken bleiben übrig, die die Wände des Jenseits farbenfroh schmücken. Kalt läuft mir ein Schauer durch den Bauch, an dem ich mich um Hilfe ringend festhalte. Unerschütterlich halte ich mich am Nabel der Welt fest, der in mir wie in jedem irdischen Wesen ruht.

Um mich herum pulsiert das nackte Leben. Und es hat schwarze Augenringe, rabenschwarze sogar. Doch möglicherweise erliege ich einem Vexierbild und die gehetzten Menschen an der Kaffeetheke sehen anstelle des entblössten Lebens eine schillernde Fee mit Glitzerkleid und Zauberstab. Hoffen wie ich auf die Erfüllung all ihrer irdischen und im All verborgenen Wünsche. Wähnen sich diesen bereits ganz nah.

›Weiter, weiter‹, treibt mich meine innere Stimme an, auf in Richtung Gartenferien, lass dich nicht auf die Gewitterwolken deines Denkens ein! Wer diese duldend nur herbeiruft, wird weggespült, wird weggeblasen vom Orkan. Also lass das! Ans Steuer, hinters Steuer mit dir! Genug getrödelt, der Trödelmarkt liegt doch nun hinter dir im grauen Alltag, den du bereits verlassen hast.

Ich steige erneut in meinen Wagen, zeige einem roten Audi Quattro, der mir die Vorfahrt nehmen will, als sei sie Allgemeingut, Strandgut, Abfall, den Vogel, drohe ihm mit der geballten Faust. Die Sitten auf den Strassen werden immer kecker, nicht auszudenken, wie das in zehn Jahren aussehen wird, wenn ich die fünfundfünfzig überschritten habe.

Noch fünfundsechzig Kilometer bis zu meinem Ziel. Ich lege die CD ein, die mir Karin zu meinem letzten gemeinsamen Geburtstag schenkte: eine Privatpressung der Pflanzenfreunde. Vegetabile Töne sind auf ihr festgehalten, aufgenommen mit einem Weltraummikrofon, dessen geniale Konstruktion auf das Ausspähen möglicher ausserirdischer unbekannter, also auch pflanzlicher Tonausscheidungen ausgelegt ist. Ich habe damals zuerst laut losgeprustet, als ich dieses Präsent in meinen Händen hielt. Vegetabile Töne! Als ob es fleischloses Leben geben könnte, ein Leben ohne fleischliche Genüsse. Und als dann Karin die Aufnahme abspielte und ich die Whirplaute in ihrer erstaunlichen Vielfalt vernahm, bezeichnete ich sie als plumpe Fälschung, was mir die strafende Missachtung Karins eintrug. Meine Worte hatten sie so aufgebracht, dass sie sogar den Streit verweigerte.

Jetzt jedoch, Jahre später, haben diese seltsamen Töne nostalgischen Charakter, erinnern mich an Zeiten, in denen ich Boden unter den Füssen fühlte und nicht Flugsand wie momentan. Dünensand. Wanderdünensand sogar, der mich als kleines Korn im Universum mitreisst, ohne dass ich wüsste, wohin die Reise führt. Ausser, ja ausser in die unmittelbare Gegenwart, jetzt in meinem Wagen sitzend, dessen Lenkrad ich fest in den Händen halte, dessen Ziel ich kenne, weil ich es aus eigenem festen Willen ansteuere. Und dennoch spüre ich, selbst mit diesem Fixpunkt vor Augen, der nicht abweicht und nicht wandert, Gedanken wie gärende Sprudelkörner in mir aufsteigen. Sie erreichen, eine heftig brennende heisse Spur vom Herzen über die Speiseröhre hinterlassend, mein linkes Auge und trüben seine Sicht. Die aufkeimenden Körner klopfen rhythmisch, tack, tatatack, taktaktaktitatatack, an die Schutzläden meines Gehirns. Dieses Geräusch stört mich schliesslich so sehr beim Fahren, dass ich das Denkguckloch aufstosse. Augenblicklich wird meine Denkmaschine geflutet.

Oh Himmel, was sich da alles wirr verschlungen vereint! Kindheitshäckselschnipsel mit fleischlichen Gelüsten, Erinnerungsfetzen in Papierflockenform ohne Sinn mit philosophischen Tiefläufern, die den Boden meiner Denkkanäle zu berühren drohen und jetzt gar knirschend auflaufen, sodass ich schleunigst die nächste Pannenbucht der schnurgeraden Autostrasse aufsuchen muss. Mit der Wildheit dieser Gedankenlawine, die Denkstaub in ungeahntem Ausmass aufwirbelt, mich überrollt und mit sich reisst, ist ans Weiterfahren nicht zu denken.

Pannenblinker an.
Zündschlüssel auf Aus.
Kopf in die Hände gestützt.
Schläfenmassage.
Scheibenklopfen.
Haben die Denkfluten mich jetzt schon umzingelt? Pochen nicht nur in meinem Hinterkopf?
Ich hebe die Augen.
Erblicke eine Uniform.
»Polizei. Haben Sie ein technisches Problem? Können wir helfen?«
»Nein, nein. Nur ein Gedankentsunami.«
»Wie bitte?«
»Eine Panne im Hirn. Ein Denkwirbelsturm.«
»Sie wissen aber, dass Anhalten hier einzig im Fall technischer Defekte gestattet ist?«
»Auch ein Gehirn ist gegen Pannen nicht gefeit. Oder hätten Sie lieber, dass ich gedankenverloren in Ihr Heck brause?«
»So, mein Herr, jetzt langt es. Für dumm lassen wir uns nicht verkaufen. Ihren Führerschein, bitte.«
»Ich bin nicht ›Ihr Herr‹, mein Herr, und Gedanken und Denkanfälle sind noch nicht verboten in unserer Demokratie. Oder ist das in unserer viel gepriesenen Staatsform inzwischen untersagt?«
»Den Fahrausweis!«
»Wissen Sie, ich bin ein unbescholtener Bürger, der seine Steuern pünktlich zahlt.«
»Aussteigen! Los! Hände auf die Kühlerhaube!«
»Was soll das?«
»Er ist renitent! Handschellen! Ein Pflanzenverächter. Königin Karin wird ihn zu verspeisen wünschen. Verwurzeln müssen wir ihn jetzt. Los, in die Erde. Verscharren.«
Ich versuche, Fersengeld zu geben.
Ein Knall.
Furchtbarer Schmerz.
Erschossen, denke ich.
Doch wenn immer noch Gedanken meinen Kopf bevölkern, kann ich wohl nicht tot sein.
Ich blicke auf die Strasse.
Sitze hinter dem Steuer.

Zum Teufel, was diese Gedanken so alles anzurichten wissen!
Trugbilder.
Fata Morganas.
Ich muss mich konzentrieren.
So geht das hier nicht weiter.
Zu wenig Fleisch gegessen?
Ach Karin, wann lässt du deine Hände von meinem Leben! Lässt mich das meine leben. Wie ich es will. Und nicht als Anhänger eines Irrglaubens, dem du erlegen bist.

Noch zweiundvierzig Komma acht fünf Kilometer. In zweiundvierzig Minuten sollte das zu schaffen sein, behauptet die sanfte Stimme meines Navigationsgeräts. Deren Sprechorgan ist bestimmt nicht dem fleischlichen Lustsyndrom anheimgefallen, zu gutmütig ist ihre Stimme. Weich und samt wie das Gartenhotel oder zumindest wie die Seiten seines Prospekts. In hellen, warmen Farben wird darin beschrieben, wie erholt sich der Gast, gleich welchen Ursprungs und Geschlechts, nach bereits einer Woche fühlt. Jeglicher Stress falle von ihm ab. Sämtlicher Tätigkeitsdrang schäle sich wie die eine Erbsenfrucht umgebende Hülle, fährt in blumigen Worten die Werbebotschaft fort. Wie neugeboren fühle sich ein jeder. Frisch und frei und innerlich beruhigt.

Darauf freue ich mich, denn zurzeit kämpfen in meinem Inneren so viele Wünsche um ihre Erfüllung und auch die Trauer um so manchen Verlust. Ich lechze richtig danach, endlich im Gartenhotel anzukommen und den Alltag wie einen lästigen, beim Ausschütteln renitenten Regentropfen eines Schirms abzustreifen, ihn dorthin zu befördern, wo er hingehört und nützlich sein kann, auf die blanke, stets nach Wasser dürstende Erde.

Und dennoch fürchte ich auch die Ruhe, in mir schleicht die Angst umher, mich dabei selbst nicht zu ertragen, die Furcht, in wilde Trauerstrudel zu geraten – und dann der jähe Wunsch, mich wieder in die Tätigkeit zu stürzen, auf alles Besserfühlen zu verzichten. Ein Fluchtgedanke wird in mir geboren, er krabbelt stetig über meine Nervenbahnen bis hin zu meinen Händen, setzt sich dort fest, versucht, das Lenkrad, in das sich meine ganze Willenskraft krampft, herumzureissen.

Meine Augen, in denen das Echo des Gedankenwunsches tanzt,

suchen vergebens nach einem Wendeplatz. Denn mein Bedürfnis nach Ruhe und Erlösung bekämpft den Fluchtinstinkt mit Vehemenz, setzt dabei durchaus zweifelhafte Mittel ein, verengt den Blickwinkel, sodass ich stur einzig der einmal durchgezogenen, dann immer wieder unterbrochenen weissen Mittellinie der Strasse folgen kann und nach vierzig und einer halben Minute – ich muss also die Höchstgeschwindigkeit mehr als einmal überschritten haben – meinen Wagen in der Hoteleinfahrt zum Stillstand bringe.

Bereits der Eingang des Hauses, das aus Glas und nochmals Glas verschachtelt auf- und nebeneinandergebaut ist, strahlt viel Ruhe aus. Noch einmal rebelliert mein Fluchtgedanke heftig. Erteilt dem rechten Fuss den Auftrag, kräftig durchzutreten, was dieser zu meinem Schrecken auch tut und mich samt Wagen mit einem Satz mitten ins Blumenbeet neben dem Haupttor befördert. Glücklicherweise stirbt bei diesem Harakirimanöver der Motor ab und mit ihm verlässt der Fluchtgedanke meinen Kopf, verkriecht sich vorerst in den Blinddarm, wo selbst ich, der weiss, wo er nun steckt, ihn weder sehen noch fassen kann. Doch er begleitet mich, immer noch virulent, allerdings immerhin zur Untätigkeit verbannt, in meinen der Ruhe und Selbstfindung gewidmeten Aufenthalt.

›Wird eine turbulente Geschichte‹, wiehert lachend die tierische Seite meines Verstands.

In der Zwischenzeit ist ein mittlerer Volksauflauf um das Blumenbeet entstanden. Hotelbedienstete, alle mit grünen Gärtnerschürzen behängt, die einen mit Spaten, die anderen mit Scheren, die dritten mit Unkrauthobeln ausgerüstet, umringen mein Fahrzeug, stecken die Köpfe zusammen, tuscheln, zeigen mit drohenden nackten Fingern auf mich, verziehen das Gesicht zu einer strengen Maske. Sie beugen sich entsetzt über geknickte Blumen, lächeln ihnen beruhigend mit einem Auge zu, streicheln die Blüten mit den freien, nicht auf mich weisenden Fingern, während ihr zweites Auge Blitze in mein Antlitz schleudert, die sich in meiner Iris spiegeln und meine Wangen schamrot brennen lassen.

Leise höre ich die erste Silbe eines Worts, das ihren zahllosen Lippen entsteigt, als sei es der mittelalterliche Singsang in einer kalten, nur vom Kerzenschein erleuchteten Kathedrale: »Möö, Möööö«, echot es in meinem Hörgang, dringt ein in die knorpeligen Schnecken. Noch bevor ich diese mit meinen Händen verschliessen kann, folgt schon das harte »Rrrder, rrrrderrr«. Alles Schütteln meines Haupts bringt keinen Frieden, keinen Trost, zu tief stecken die Silben bereits in meinem Kopf, dringen in mein Gewissen ein, erschüttern mich in der Grundfeste meines Seins.

›Lass es eine neue Fata Morgana, eine Spiegelung meiner Sinne sein‹, bitte ich ich weiss nicht wen mit trockenen Lippen, sodass die Worte unverständlich zerbröseln, als Lautkrümel zu meinen Füssen fallen.

Schuldvoll und mit weichen Knien steige ich aus meinem Auto, nicht ohne einem blauen Löwenmäulchen, das einen der Brösel lustvoll schmatzend in sich aufnahm, sein Genick zu brechen. Ein stummer Augenaufschrei geht durch die Bedienstetenschar. Augenwolken verdunkeln unvermittelt ihre Sicht, sie kommen geballt und drohend auf mich zu, umkreisen mich, entnehmen dem Kofferraum mein Gepäck, geleiten mich, als seien sie die Einsatztruppe bei einer Festnahme, durch das Tor, das aus Granitfelsbrocken geschlagen ist und aus denen Steinrosen wachsen. Als die roten und rosafarbenen Blüten mich mit ihren Dornen zu erreichen suchen, werden sie von der mich umringenden Gärtnerschar zurechtgewiesen, sodass ich unverletzt und wohlbehalten in die Hotelhalle gelangen kann.

Der diensthabende Rezeptionist heisst mich salbungsvoll willkommen, befragt mich zu Namen, Geburtsdatum, Zivilstand, Vorstrafen, meinem Verhältnis zu Pflanzen und Blüten, zu früheren Beziehungen und insbesondere zu Gewissensbissen und dem daraus resultierenden Seelenjucken. Ich bemerke eine abrupte Verhaltensänderung des Mannes hinter dem Empfangstresen, der im Knopfloch keine Nelke, sondern ein kunstvoll gefasstes Büschel blonder Haare trägt, als ich Karins Namen bei der Auflistung meiner ins Zahllose steigenden Liebschaften nenne. Ehrerbietung mischt sich in die von öligem Speichelfluss getriebene Stimme, ich vernehme ein Vibrieren, als ob drei Saiten eines Zupfinstrumentes stark gezogen und dann vehement, unmittelbar losgelassen das ganze Instrument zum Beben brächten. Ein breites Lächeln legt sich auf sein fleischiges Gesicht, Lachfältchen entwickeln sich von den Mundwinkeln hin bis zu den Wangen und hüpfende Kräuselwellen fluten seine Stirn.

»Ideales Wetter«, gluckst nun die Stimme, »besser hätten Sie es nicht treffen können«, und weist mit einer geschmeidigen Armbewegung, als wolle er den Klang der Gärtner, die immer noch um mich herumstehen, zum lautstarken Finale führen; nach draussen, hin zum Garten, der hinter der Glasfassade grün schimmert und von tiefhängenden Regenwolken überschattet ist. Diese – so etwas habe ich noch nie gesehen –, sind gerade dabei, je einen grossen dunkelgrünen Regenschirm aufzuspannen. Regenwolken mit Regenschirmen?

»Um beim Regnen«, wie der Empfangsmann meinem Staunen entgegenkommend mitteilt, »selbst nicht nass zu werden. Wer Nässe spendet, auf dass Gärten grünen und erwachsen werden, will nicht selbst der Nässe sich ergeben«, führt er jetzt wieder ölig weich die Gesprächsroutine fort.

Weshalb habe ich mich diesem Laffen offenbart? Was ist in mich gefahren? Was geht den schleimigen Herrn meine Vergangenheit an? Warum hat er das alles fein säuberlich in seinem Computer registriert? Was zum Teufel geht hier vor? Eine weitere Fata Morgana? Schweben Karins Finger wie Menetekel über meinem Kopf? Zehn Menetekel, zehn tödliche Schwerter, die einen Heiligenschein über meinem Schädel in die Luft zu ritzen beginnen – noch eckig zwar und spitz, doch wohl bald schon bereit, in Rundungen überzugehen? Oder um einen sauberen Schnitt um meinen von sündigen Falten durchfurchten Hals zu vollführen? Ich bin verwirrt. Mein Hirn beginnt, sich am Magen zu halten, der sich spannt. Sie kennen das bestimmt. Zuerst ein Ziehen. Dann ein Spannen. Gefolgt von Grimmen, das in Rumpeln übergeht, als ob im Körperinnern gleich ein Gewitter losbricht.

»Zur Eintrittsuntersuchung bitte schööön«, entreisst mich die glupschende Stimme des Hadesengels an der Rezeption meinen Gedanken.

Wie viel Olivenöl hat der bereits geschluckt? Oder ist »gesoffen« das treffendere Wort?

»Gesundheitspass bereithalten! Ängstigen Sie sich nicht, das wäre hier ganz fehl am Platz. Wir müssen für eine erfolgreiche Kur einzig den pH-Wert messen, die Lichtempfindlichkeit und die Sonnenaufnahmebereitschaft Ihrer Haut. Und den Chlorophyllgehalt Ihrer werten Verdauungsorgane. Nur so können wir den Erfolg des Aufenthalts in unserem Hotel sicherstellen. Ihre Erhebung in den höheren Stand. Den Stand der Seligkeit. Also fürchten

Sie sich nicht. Reine Routinesache. Wir messen, bestimmen, notieren – und Sie fühlen sich wohl. ›Wohlfühloase‹ nennen uns die rasenden Reporter, die uns aufsuchen und ihre Meinung dann in Druckerschwärze husch, husch abzugeben wissen. Die Abreise dieser Medienmenschen gestaltet sich stets schwierig, möchten doch die meisten liebend gerne ihren Besuch verlängern. Allerdings ruft die Welt der Ereignisse und der Medienmagnaten, Sparmassnahmen brechen selbst Minuten das Genick. Doch dieser Menschen-Schanger«, das Sch spritzt ihm, begleitet von tausend kleinster Speicheltropfen aus dem Mund, »dieser Schanger ist zu nervös für unsere Umgebung. Zu unstet und zu fahrig. Deshalb lassen wir diese Besucher gerne fahren.«

Das ölige Lachen breitet sich wie eine Tintenkleckszeichnung, wenn man sie mehrfach faltet, über die Empfangstheke aus – ich hoffe, mir bleibt erspart, in seinen Formen zu lesen. Immerhin wird durch die Wortwahl eine zweite Schangerdusche vermieden, wer weiss, welche Pressolivenbakterien eine solche verbreiten kann. Das weiss man nie, und so aalglatt wie dieser Mann, nein, so will ich nie werden. Also befehle ich meinen Füssen, in Richtung Halle, wohin ich gebeten wurde, zu gehen, schärfe ihnen ein, auf keinerlei Töne aus dem Blinddarm zu hören, sondern brav den handgefertigten Gedanken zu gehorchen und die Eintrittsuntersuchung auf den mitgeführten Blättern festhalten zu lassen.

Erstaunt stelle ich fest, dass sich die zwar im Garten so flinken Bediensteten in ihren grünen Schürzen innerhalb der Glaswände in der Geschwindigkeit von Nacktschnecken bewegen, die Blumen in den Kisten mit Inbrunst pflegen, mit ihnen sprechen, als seien sie Lebewesen mit Verstand. In ihren Stimmen schwingt Hochachtung mit, wie ich sie vorhin nach der Offenbarung meiner Karinliebe zwischen den Stimmbändern des Empfangsmannes herausgehört zu haben meinte. Eben diese Zwischentöne erfüllen nun die riesige Glashalle, die einem völlig überdimensionierten Treibhaus ähnelt. Und ich muss zugeben, der Klang der Stimmen ist melodisch und angenehm, strahlt Ruhe aus, obwohl ich mit Ruhe bislang nichts anderes als Stille verbunden habe.

Auf meinem Begleitumschlag – er ist verschlossen und mit meinem Vornamen samt Initialen versehen – schimmert in grün leuchtender Farbe eine riesige ziselierte Zwei. Die ebenso grafisch gestaltete Zahl sehe ich links im Glaspalast. Es ist wahrhaftig ein Palast. Auf der Glasdecke funkeln wie Edelsteine, nein, wie Diamanten, Lichtbündel, die durch Kristalle geführt in allen erdenklichen Farbnuancen leuchten und ich stelle voller Verwunderung fest, dass sich darunter auch solche befinden, die ich noch nie gesehen habe und nicht in Worte fassen kann.

Sprachlos betrachte ich das Lichtspektakel, vergesse dabei meine mir übertragene Aufgabe, zum Tor Zwei zu gehen, stehe einfach wie angewurzelt da, bis ich über einen unsichtbaren Lautsprecher meinen Namen vernehme, nicht laut gerufen, nein, so sanft, gesäuselt fast, dass er einzig in meiner Ohrmuschel erklingt. Im Gegensatz zur Dezibelstärke steht jedoch die Eindringlichkeit der Worte. Auf keinen Fall kann ich mich ihnen entziehen und schreite würdevoll, so meine ich, in Richtung eines Tors, dessen Granitbogen ebenfalls von roten Rosen überwuchert ist. Sie haben sich ganz offenbar den Weg mit List und Härte durch den Stein geschlagen.

Ein eleganter Vorraum, eher einer Hotelbar ähnlich als einem Untersuchungsraum, nimmt mich auf. Auf einer Anrichte stehen Gläser, Säfte und eine Kaffeemaschine. Auch Häppchen fehlen nicht. Nichts anderes als Fleisch auf Fleisch, registriere ich. Eine adrette Dame nähert sich mir mit breitem Lächeln, das beinahe ihre beiden Ohrläppchen miteinander verbindet:

»Die Frau Professor wird Sie gleich empfangen. Diese Ehre wird nicht jedem zuteil. Nur besonderen Gästen des Hotels, die unserer Hilfe speziell bedürfen. Hartnäckigen Fällen sozusagen.«

Wiederum nähern sich die Ohren ihrem Mund. Ich bin mir sicher, dass es so ist und nicht umgekehrt.

»Hartnäckiger Fall?«, frage ich zurück.

»Ja, Sie bedürfen in hohem Masse der Ruhe unseres Hotels. Sie müssen Ihren inneren Mittelpunkt wiederfinden. Die Schwerkraft des Gehirns wieder auf Ihren Magen verlagern. Dort nämlich, beim Nabel, befindet sich Ihr Zentrum. Hier sollten Ihre Wurzeln sich entfalten. Sich eingraben in Ihr Sein. Aber das wird Ihnen Frau Professor wesentlich besser zu erläutern wissen. Nehmen Sie so lange Platz. Und stärken Sie sich. Die Säfte, aus den unterschiedlichsten Fleisch- und Fischarten gepresst, werden Ihnen neue Kraft einflössen. ›Gesund, gesund‹ ist unser Leitspruch, denn ohne diese Stärkung gibt es keinen Weg zur Ruhe. Zum Frieden. Zur Stabilität des eigenen Wesens und damit zu der des Planeten, unserer Galaxie, des Universums als Gesamtem.«

Die Worte der Assistentin begleitet ein sinnender Blick nach oben zur Decke, die – das bemerke ich erst jetzt – mit stilisierten Sternenkarten und Tausenden von Lämpchen unterschiedlichster Grösse, still und ruhig vor sich hin leuchtend, geschmückt ist. Assistentin? Oder Kurärztin? Physio- oder Psychotherapeutin? Was geht mich nur diese Frau an? Ich will Erholung und nichts weiter.

»Ich bitte Sie, wann kann ich mein Zimmer beziehen? Ich habe Ihr Hotel zum Ruhen ausgesucht und nicht für Untersuchungen gleich welcher Art. Auch nicht vornehmer Art. Verstehen Sie?«, kullern die Worte wie harte, aber runde Kieselsteine über meine vor Ärger geschürzten Lippen.

Ich muss mich in Acht nehmen, mein Jähzorn ist bekannt und könnte mich mitreissen. Sternenzertrümmerungsreflexe steigen von meinem eben durch die berufsneutrale Dame beschriebenen Lebensmittelpunkt, dem Nabel, direttissimo alle Hindernisse überwindend in mein Kopfkontrollzentrum, auf ihrem Weg als Kontrapunkt zur eleganten Sternendecke heiss-rote Flimmerpunkte vor meinen Augen hinterlassend.

»Ihre Aufwallung, werter Herr, zeigt Ihre Pflegebedürftigkeit. Ruhig, ruhig. Atmen Sie durch. Eins, zwei, eins, zwei. Tief einatmen. Aus Ihrem Lebensmittelpunkt heraus. Wir werden Ihnen Erholung schenken. Durchströmende Ruhe, Gelassen- und Zufriedenheit. Sie werden schon das Glück erleben! Sich endlich selbst finden!«

Salbungsvoll ölig wie eben beim Empfangsmann und wie bei einer einstudierten, tausendfach rezitierten Rollenrede entschlüpfen die Buchstaben ihrem Munde, staunen darüber, endlich die vorbestimmten Willensfesseln gesprengt zu haben, bewegen ihre Extremitäten, wie um sich selbst zu spüren, blasen sich langsam auf und steigen empor zur Decke. Formen sich dort zu ägyptischen Hieroglyphen, hiernach zu kunstvollen fernöstlichen Schriftzeichen.

Ich gönne den Entschlüpften die Reise in andere Welten und verspüre neben der Entspannung meiner Galle das Herniederschweben eines leisen Glücksgefühls aus den Spitzen meines kurzen Haupthaars. Denn endlich verstehe ich das vor sich hin murmelnde Gegenüber nicht mehr und fühle mich freier als zuvor. Freier? Zum Donnerwetter, ich bin hier nicht auf Freiersfüssen!

Schon wieder spielen mir die überstrapazierten Synapsen im Gehirn einen ihrer Streiche. Einzig erholen will ich mich von den Mühen des grauschwarzen Alltags mit seinen täglichen Gewitterwolken, den Platzregen und Blitzschlägen, die mein Leben so durcheinanderwirbeln, als sei mein Körper umgeben von der Atmosphäre eines fernen Planeten, auf dem kein Leben herrscht, sondern nur reines, beissendes, zerfressendes Ammoniak.

»Bitte seähr, der Herr!«

Zum Pfefferland, ich bin doch kein »Seähr«, was das auch immer heissen mag. Hätte ich die Zukunft vorausgesehen, sässe ich nicht in diesem gestylten Warteraum, nein, das ist nicht mein Metier.

»Frau Professor lassen bitten, bitte seähr! Und damit Sie es wissen, Frau Professor ist an dem Hotel mitbeteiligt und seähr stolz auf dieses Faktum!«

Ich werde durch eine Schlucht von Gängen geführt. An den Wänden blühen Moose. In den Aquarien, die in den grosszügig breiten und hohen Kreuzungen verschiedener Verkehrswege eingelassen sind, bemerke ich Algen. Grüne. Braune. Gelbliche. Alle haben eins gemeinsam: Sie wallen durch das Wasser, als tanzten sie Quadrille. In der Mitte dieser Kreuzungen, die jedoch nicht als Kreuze, sondern häufig als Rhomben angelegt sind, wachsen tief eingelassen und vom Belag ausgesparte Pflanzen, kleine Bäume und exotische Büsche. Hoch oben an der Decke sind künstliche Sonnen angebracht und bei jeder Anpflanzung rattert scheinbar ohne Sinn und Zweck ein kleiner Dieselmotor. Jeder entlässt aus seinem Auspuff Qualm. Meine Führerin zeigt auf eines dieser lärmenden Monster.

»›Treats‹ für Frau Professors Lieblinge, ihnen soll es an nichts fehlen. An gar nichts. Der CO_2-Anteil wird sonntags noch erhöht, denn auch die in sich ruhenden Pflanzenweeeesen sollen geniessen dürfen. Je höher ein Weeeeeesen«, das Wort dehnt die Dame voller Inbrunst und Verehrung auf die siebenfache Länge, »desto mehr bedarf es der Zudienung durch die Menschenwesen«, – jetzt klingt das Wort kurz und hart, »die wie ich die Weihen des Höheren anstreben.«

Verklärt wandern der Führerin Blicke zu jedem noch so kleinen Pflänzchen, dem wir auf dem mir beinahe unendlich erscheinenden Weg begegnen.

»Hier, bitte seähr, durch dieses Farnwäldchen, es ist der besondere Stolz der Frau Professor. Sie hofft, die Farne eines fernen Tages durch Wiedereinimpfung der Lebensfreude zur ursprünglich im Mesozoikum erreichten Grösse zu führen.«

Ein mit Golddisteln bewachsener Weg zweigt vom Hauptgang ab.

»Achten Sie auf die Pflanzen, bitte seähr. Auf keine treten! Das kann sonst böööse Folgen haben.« Wieder diese Überdehnung, doch jetzt tönt es eher, als werde die Luft aus einem prallen, fast berstenden Kinderballon entlassen. Die dunkle Strafe verheissenden Töne verteilen sich im professoralen Zubringer und ich achte mit höchster Präzision auf jeden meiner Schritte. Kein hiesiges Pflänzchen soll mir jemals etwas vorzuwerfen haben. Endlich bin ich, so empfinde ich, kurz vor dem Ziel.

Da, die Dame klopft leise an ein Tor, das aussieht, als wäre es aus Porzellan oder Ton. Ich fürchte, als ich sehe, dass meine Führerin zu heftig klopft, dass der braune Eingang zerspringen könnte. Ein kleiner Riss ist bereits zu beobachten. Und als sie jetzt ein Hämmerchen aus ihrer grünen Gärtnerschürzentasche zieht, trete ich zwei Schritte zurück, denn weder will ich mit der Tür ins Haus fallen noch unter einer Haustüre, oder welchen Raum diese auch schützen mag, begraben werden.

Der Riss zieht sich jetzt bereits von oben nach unten über drei Viertel des Tores und da – ich traue meinen Augen nicht – beginnt meine Führerin, mit spitzen Fingern in der Tür zu bohren, bricht ganze Stücke heraus, um sie – ich kann es gar nicht glauben – in den Mund zu stecken und heftig darauf zu kauen.

»Rein fleischlich«, sagt sie vollmundig, »keinerlei Pflanzenzusätze. Der Zugang zum Befehlszentrum des Hotels ist gesichert. Nur Menschen mit einem auf Fleisch getrimmten Verdauungstrakt schaffen das in so kurzer Zeit.«

Und wieder bricht sie jetzt ein fast tischgrosses Stück aus dem pflanzlich unbedenklichen Tor, beisst kraftvoll hinein und ich staune, staune mit Kulleraugen, wie rasch sie, nicht ohne dabei mit den Fingern weiterzuarbeiten, dieses verzehrt. Hinter dem aufgefressenen Tor leuchtet nun grünlich eine fluoreszierende Farbe. Die Führerin weist mit dem freien Daumen darauf hin:

»Chlorophyll«, sagt sie breiig, sodass ich das Wort mehr erraten muss, als es zu verstehen.

Ihr Kauen echot derweil in meinem Ohr, windet sich wie eine Schlange – oder ist es gar ein Lindwurm? – in den Gehörgang, wedelt mit dem widerhallenden Schwanz und schlägt leise, aber intensiv an meine Nasenwand. Fordert diese auf, den Geruch des nun offenen Tores, eine Mischung aus Schlachthausdunst und gebratenem Hähnchen mit einem Schuss Miesmuschel, wahrzunehmen.

Die Arbeit der Dame ist wohlgeordnet und effizient. Die Kaubewegungen entsprechen der Taktgebung eines Metronoms. Ticktack mahlen ihre Zähne und es scheint mir, als sei sie in höchstem Genuss, ja in einem wahren Essensrausch. Der Durchgang wird nun grösser. Ein Durchschlüpfen wäre für mich bereits gut möglich, doch die Führerin bemüht sich weiter, will, wie sie erklärt, dass ich »aufrecht vor die Professorin trete, nicht in gebückter, ja gar unterwürfiger Haltung«, denn ich hätte viel zu lernen und das sei allein dann möglich, wenn eine gewisse Würde im Gehen eingehalten werden könne.

So setzt sich das eintönige Metronomkonzert fort, einzig unterbrochen von den Mahlgeräuschen ihrer Backenzähne. Endlich – mir scheint eine halbe Warteewigkeit vergangen – beugt sie sich vor, verwandelt sich stehenden Fusses in einen virtuosen Verkehrsdirigenten und winkt mich elegant, mit runden, harmonisch fliessenden Armbewegungen durchs Tor, durch das ich eingedenk ihres Hinweises aufrecht schreite, von Stolz gestählt und vom Chlorophylllicht geblendet.

Dieses grüne Fluoreszieren reizt meine Iris sowie die Tränendrüsen, sodass ich blinzelnd und ungewollt in Tränen aufgelöst den Raum betrete. Überall befinden sich Blätter in allen Farben, die mich sogleich mit ihrem Duft betören, sodass ich zu fliegen glaube. Weich und sanft streicht Nachtluft um meinen Körper, der ätherisch-leicht dahinzusegeln scheint und sich sicher durch dieses Blütenlabyrinth bewegt, obwohl mein denkendes Ich keinerlei Ahnung hat, wohin die Reise geht. Wie Samt fühlt sich meine Haut jetzt an, als sei ich neugeboren. Und da, ich schwebe dem Zentrum des pulsierenden Chlorophylllichts entgegen. Direkt in seine Mitte.

Wärme erfasst mich. Im Aufwind eines Hochgefühls erhebt sich mein Körper zur Spitze dieses domartigen Raums, doch ohne Warnung erreichen mich Töne, die an mir haften bleiben. Es sind Laute. Buchstabensezierte Laute. Ich möchte sie entfernen. Versuche vergeblich, sie abzuschütteln, denn sie sind schwer. Bleischwer. Gar erdenschwer. Sie ziehen mich nach unten. Es sind Vokale und sie sind schrecklich laut. Mit den Fingern greife ich Zeichen um Zeichen und schleudere sie weg. Verbrenne mir dabei die Finger, denn sie sind glühend heiss. Die Konsonanten hingegen kleben sich hinter meine Ohren. Veranstalten dort einen chaotischen Radau, der alles in meinem Kopf durcheinanderbringt. Jetzt dreht sich alles. Oh Himmel, ich fühle das Gewicht. Beginne abzustürzen.

Fort sind die Blütendüfte. Träge Gerüche ersetzen sie. Und je tiefer ich nun sinke, immer rascher, immer gefährlicher, umso lauter vernehme ich von unten eine Stimme. Oder sind es die Vokale, die jetzt singen? Ich kann es nicht erkennen. Ich bin umringt von Klängen. Es ist Karins Stimme. Sie thront als indonesische Göttin vor mir, einer Statue gleich, hat tausendvierundfünfzig Hände an dreihundertzweiundzwanzig mächtigen Armen. Warum nur kann ich so rasch zählen? Was geschieht mit mir? Und die Vokale führen um die Konsonanten einen Tanz auf, sie formen sich zu Worten, dringen wie Speere in mein Fleisch.

»Suchst du die Ruhe wirklich? Bist du bereit für den Läuterungsgang der Erde? Erkennst du die Pflanzen und Bäume als Krone aller Schöpfung an, dann werde ich dir Ruhe schenken. Zufriedenheit. Eins werden mit der Erde. Deine Sünden werden dir vergeben werden. Dein Vergreifen an der Pflanzenwelt, dein Holzweg, deine vegetarische Irrlehre. Doch noch ist Rettung für dich möglich. Erhole dich in meinem Gartenhotel. Werde eins mit der Erde. Mit ihrer Kraft. Mit dem Mittelpunkt des Lebens. Weshalb die ganze Hektik? Weshalb so wurzellos?«

Arme und Hände von Karin greifen nach mir. Bedienstete in den mir bekannten grünen Schürzen stürzen auf ihr leises Kopfnicken hin aus allen unendlichen Enden des Raumes herbei. Ist sie ihre Gottheit? Und wo lebe ich? Bin ich verstorben? Ist das Jenseits jetzt schon diesseits und das Diesseits jenseits? Die guten Geister – oder sind es böse? – tragen einen übergrossen, mit Erde gefüllten Tontopf herbei.

»Dies hier ist deine Chance, die einmalige Gelegenheit, nun eins zu werden mit dem Sein. Pflanzt ihn schnell ein!«, befiehlt sie nun in harschem Ton, den ich von unseren früheren Streitereien um Pflanzlich-Tierisches noch bestens kenne.

Man hebt mich hoch, meine Beine werden eingegraben und mitsamt Tontopf trägt man mich hinaus.

»Gebt ihm Wasser. Schwemmt ihn ein. Ihr müsst wissen, es ist ein schwerer Fall. Um Wurzeln zu bilden, wird er mehr als einen Hektoliter zu sich nehmen müssen. Und selbst dann noch«, die Stimme wird jetzt leiser, »stehen die Aussichten schlech.« Das »t« sehe ich mit kurzen Flügelschlägen von mir fliegen, zurück zum Thronsaal, falls es denn ein solcher ist.

Zum Teufel, ich kann meine Beine nicht bewegen! Auf dem Rondell, zu dem man mich trägt, sehe ich zahllose Köpfe und Leiber ohne Beine. Sie wiegen ihre Arme im Wind. Sprechblasen steigen von ihren Lippen auf wie im Aquarium der Sauerstoff. Schweben hoch und sinken nieder. Tanzen die Lebens-auf-und-ab-Quadrille. Ich entdecke, dass die Blasen an einem Seidenfaden an den Zungen der Eingepflanzten hängen. In jeder durchsichtigen Blase ist das Wort »Ruhe« zu erkennen, wie auf bunten Luftballons eine Werbebotschaft, die in verschiedensten Regenbogenfarben schillert. Da bemerke ich, auch meine Zunge hebt an, sich ohne meinen Willen zu bewegen, um ganz ohne mein Zutun von sich aus das Zauberwort zu artikulieren. Die Muskeln meiner Lippen und die des Kiefers folgen.

»Ich will nicht fremdbestimmt sein!«, empört sich mein Wille, klappert mit den Zehen, die einzig Erde um sich spüren.

»Was geschieht mit dir?«, fragt mein linkes Augenlid und befiehlt sich selbst, die nicht verstehbare Sicht zu vermindern.

Dann, allem zum Trotz, wohne ich der Geburt meiner eigenen Sprechblase bei. Unter Zungenkreisen spinnt sich der Seidenfaden selbst. Durch mein Gehirn. Die Raupe dröhnt. Und schon entschwebt die Blase, nicht hüllen-, jedoch wortlos nach oben. Wird von einem Luftzug erfasst, geschüttelt, rutscht auf dem Glattwind schrecklich aus, stürzt in die Tiefe. Mein Kopf sowie die Zunge folgen ihr. Ergebenheit erreicht man nur, wenn man bedingungslos sein Schicksal annimmt. Wenn man seine Knie beugt vor der Allmacht des Zufalls. Vor dem Abfall vom bisherigen Leben.

»Hallo, der Herr! Sie sind wohl eingenickt? Es ist ja auch extrem schwül heute! Sie sollten viel mehr Wasser trinken! Unbedingt! Ihrer Gesundheit zuliebe! Aber machen Sie sich keine Sorgen. Die Kur wird Ihnen helfen. Garantiert.«

Es ist der Empfangsmann des Gartenhotels und ich sitze in der Empfangshalle dieses von mir ausgesuchten Ferienetablissements, in dem ich Ruhe finden wollte. Ruhe von dem Alltagsstress, der mich befallen hat wie eine Kirsche, die vom Wurm zerfressen wird und immer mehr Süsse herstellt, damit sich der ungebetene Gast verköstigen kann. Genauso fühle ich mich, reibe mir mit beiden Handrücken die Augen und bin zu drei Achteln immer noch im Traum verstrickt. Der Aufstieg Karins bringt mich durcheinander. Ist sie in meinen Traum gedrungen, hat sie sich dort gezeigt oder spielt mir mein Unterbewusstes wieder einen Streich?

Diesen Aufenthalt im Hotel benötige ich dringend. Die Krankenkasse soll bezahlen! Sich beteiligen. Zweimal eingeschlafen. Zweimal wild geträumt. Deutet auf eine Anomalie der Psyche hin. Burnout. Ausgebrannt wie die zweite Stufe einer Saturnrakete, die leer und nutzlos auf die Erde zurückkehrt. Herunterstürzt und zischend glühendrot erstrahlt, um dann den Fischen Gesellschaft zu leisten. Oder Schildkröten. Oder Kokosnüssen. Oder mir. Dem Ausgeburnten. Verdammt, ich muss mich zusammennehmen! Geht doch einfach nicht mehr so! Tagträumen am Abend und Traumnachten am Morgen. Dieser Geruch der Tür, die meine Begleiterin aufgepult und verschlungen hat, hängt noch in den Rezeptoren meiner Nase. In den Papillen meines Gaumens. Obwohl ich selbst den Verzehr verschmähte.

So ein Schmäh! Na, prosit Altjahr! Viele neue Jahre werde ich in diesem Zustand nicht erleben. Also Ruhe finden. Mich der Kur unterwerfen. Dem Gartenhotel Vertrauen schenken. Nicht hinter jedem Busch lauert ein Feind. Was bin ich misstrauisch geworden! Das Hotelmanagement ein mafioser Haufen. Die Direktion in dunkle Menschenschiebergeschäfte verwickelt. Sklavenhandel. Gefügig machen mit Drogen. Mist! Wie stellt man diese Gedankenproduktionsmaschinerie nur ab? Ein krankes, müdes Hirn lässt sich nicht steuern. Ausfall der Konsole. Notfall! Schleudersitz, der nicht schleudert. Zentrifuge. »Bitte schöön, der Herr!«

Nein, nicht schon wieder! Kein neuer Albtraum in der flachen Rheinebene, in der ich mich befinde! Der Rezeptionsboss schreitet würdig vor mir her. Hat er eine dunkle Sonnenbrille auf? Gehört er zu dem Klüngel? Aufzug. Dritter Stock. Zimmer vierhundertdreiundsechzig. Wie kommt es, dass im dritten Stock ein Vierhunderterzimmer liegt? Im fünften dann Tausendernummern und im tausendsten Nullnummern? Eine Nullnummer. Ich eine Nullnummer. Jetzt weiss ich es. Ich komme bald in den tausendsten. Merde! Zimmeraufschluss.

»Bitte schööön …«

Eintritt. Wunderschöner Abtritt. Mit Blümchenmuster. Kein Gitter vor den Fenstern. Wenigstens das nicht. Das Fenster aber lässt sich nicht öffnen. Auch die Türe nicht, durch die soeben »Bitte schöööön« mit der Geldmünze, die ich ihm kredenzte, entschwunden ist. Gefangen? Gefangen in mir selbst? Gefangen im Diesseits des Jenseits? Einerlei. Zweierlei. Tausenderlei. Vierhundertdreiundsechzigstelei. Gibt es denn Eis in der Minibar? Ich brauche einen Scotch. Nicht ich. Meine Hirnwindungen, damit sie den inneren Tiger in Ruhe lassen, der sich in meine Eingeweide beisst. Verkrampft. Krampflösende Malzmittel. Kein Kühlschrank. Kein Teekocher. Nur Blumen überall. Düfte! Und eine Packung Frohlic. »Für glückliche Menschen«, steht auf der Packung. »Aus reinem Fleischextrakt. Garantiert keinerlei pflanzliche Zusätze« in Kleinschrift darunter. Weshalb nicht Keilschrift? Diese dissidenten Gedanken – wann geben sie endlich den Geist auf? Gebohrte Gänge. Froh sein, froh sein, Frohlic! Hahaha! Hört endlich auf mit der ewigen Opposition, ihr Gedanken! Verbannt sollt ihr werden! In ein Gartenhotel verschickt! Zur Ausnüchterung und Anpassung an die weltlichen, ja fleischlichen Gegebenheiten. Geistige Nahrung gibt es in der Minibar. Und die ist nur für mich. Die teile ich nicht. Auch nicht mit meinen vegetarischen Gedanken. Hahaha! Nicht mit denen. Auf keinen Fall!

Das Fernsehgerät klingelt. Seit wann rufen Fernsehgeräte denn an? Ich stelle ein. Mit fetter Schrift, sechsundzwanzig Punkt, steht kursiv auf dem Bildschirm:

»Willkommen im Gartenhotel! Ihre Eintrittsuntersuchung wird demnächst stattfinden. Halten Sie sich bereit und vergessen Sie nicht Ihr Zulassungsticket! Wir freuen uns, Ihnen die wohlverdiente, ersehnte Ruhe schenken zu dürfen. Ihr Gartenhotelteam (Sie erkennen uns an den grünen Schürzen).«

Nicht schon wieder eine Eintrittsuntersuchung, bitte seäähr! Nicht doch! Malz, Malz, vergorenes altes Malz, denkt meine Leber. Ein Gartenhotel für ein altes Malz! Ich kredenze mir so ein kleines Fläschchen, das auf dem Gläserregal steht, füge reichlich crushed ice hinzu, lasse dieses erst auf der Zunge zergehen, verliere dann die Geduld und beisse laut knirschend darauf herum. Mein Kopf scheint dabei eine Zerspringolympiade zu veranstalten, doch das Brennen in der Speiseröhre entschädigt für so vieles.

Ganz langsam rieselt der Lebenssaft in meinen Magen und ich kann dessen Weg bis in die letzten Kapillaren meiner Blutbahn verfolgen. Oh, tut das gut! Wie Schuppen fällt die Trägheit von mir ab. So muss sich ein Fisch fühlen, wenn er von seinen Lebensschuppen befreit wird. Befreit wird? Segnet er denn dabei nicht das Zeitliche? Oh, die Zeit hinter sich lassen … Ich fühle, wie die Schuppen meiner Seele zu Boden fallen, sie freigeben. Was doch so ein Fläschchen bewirken kann! Eins? Da waren doch deren fünf. Und jetzt keins mehr. Eintrittsuntersuchung. Austrittsuntersuchung. Austrittsuntersuchung der Seele. Befreiungsversuch. Sprengung des Körpers. Befriedung. Ruhe. Warm fühle ich mich an. Wohlig warme Ströme rieseln durch meine Knie. Jetzt spüre ich sie im linken Zeh. Auf, auf, los! Packen wir es an!

Ich versuche, mich durch die Türöffnung zu zwängen. Zum Donnerwetter! Welche Systeme bauen die Ingenieure bereits ein? Elektronisch? Phallonisch? Wie öffnet man das Tor zur Aussenwelt? Bin ich Gefangener meiner selbst? Ewig dazu verdammt, um mich zu kreisen? Bar jeder Hoffnung, weiterzuschreiten, die Zeit wie perliges Wasser, das höchstens Kleinemotionen auf der Haut erzeugt, die dann ins Nichts entgleiten, ziehen zu lassen in die nächste Dimension, die ich niemals erreichen kann?

Ich greife nach dem Taschenmesser. Das hat mir keiner abgenommen, stelle ich zufrieden fest und fange an, am Schloss zu werkeln. Die Stahlklinge bricht ab. Mist! Die Ahle bringt nichts. Ich stütze mich auf die Falle und die Tür öffnet sich wie von Zauberhand. War nie verschlossen. Das sind wohl, so nehme ich an, die Folgen der Wärmestrahlen in meinen Kapillaren. Ich bewege mich langsamen Schrittes hinaus. Oder heraus? In den Gang, in dem sich zahllose Türen nach innen zeigen. Dahinter hausen Seelen. Sogar entseelte. Ich folge den grünen Pfeilen, die vor mir im Boden immer zwei Schritte vor mir aufleuchten. Bitte seääähr. Weiter geht's. Zwei Treppenstufen. Eine Wendeltreppe. Ein neuer Gang. Gangomanie in diesem Haus? Ich komme zu einem grossen Tor. Ein Scheunentor. Es öffnet sich knarrend. Draussen – oder ist das ein neues Innen? – strahlt Sonne, Hitze schlägt mir entgegen. Erdgeruch.

Die Pfeile sind verschwunden. Ein grün beschürztes Mädchen

steht da und reicht mir lächelnd seine Hand. Sie ist durchdrungen von Sonne, Wärme, Glück und Ruhe. Das Mädchen geleitet mich. Gartenbeete so weit das Auge reicht. In ihnen stehen Menschen. Bis zu den Knien in der Erde steckend. Ganz unbeweglich. Oder fast. Die Arme folgen langsam dem Sonnengang, wie ich auf meinem Weg feststelle. Ist es mein Weg? Männer mit grünen Schürzen kümmern sich um die Beete. Schneiden Skulpturen in die Haare der Eingepflanzten. Legen sie tiefer. Höher. Verschieben seitwärts. Die einen Eingepflanzten stehen gebeugt. Die anderen aufrecht. Rundlich. Kantig. Und wenn ich den Blick weiden lasse, als sei er am Äsen, entdecke ich Bewegung, Wellenlinien. Unterbrochen von klaren horizontalen Strichen. Figuren. Grafik. Farben. Denn mit Spritzgeräten ausgerüstete Mannschaften sprühen Sommer in die Beete und kurz darauf den Herbst. Weiss fällt ein. Die Zeit ist aufgehoben.

Den Pflanzen und Bäumen entlang des Wegs aber wachsen Augen. Glänzend. Erwartungsvoll. Sie lassen sich von den Formen, den Farben berauschen. Geniessen die Kunst der Gärtner und als ich endlich an der Hand des beschürzten Blumenmädchens mein Gartenbeet erblicke, die sorgfältig vorbereitete Grube für meine Füsse und Beine erreiche, die Erde rieseln fühle, wie einst den Sand zwischen meinen Zehen am Strand vor Äonen von Jahren, tritt Ruhe wie eine stets wiederkehrende Melodie in meinen Körper ein. Mir wachsen Wurzeln. Ich bin gepflanzt. Ein Teil des Ganzen. Erfreue mich stumm. Lasse mich vom Glitzern der Baumaugen in Wellen entführen.

Und als Karin das an mir vollbrachte Werk begutachten kommt, ihre Anweisungen über meine endgültig einzunehmende Stellung erteilt, auf dass ich mich ins Gesamtbild füge, erkenne ich den winzigen Samen des Glücks im letzten Glied meiner kleinen linken Zehe. Der einzige Gedanke, der mir bleibt, mit seinem hellen Schein die Erde um mich herum durchdringt, ist, dass der Samenwinzling rasch aufkeimen und Bewegungswurzeln schlagen möge. Wurzeln hin zu meinem neuen bewegungslosen Sein.

DER VORKOSTER

Ich bin seit meinem abgebrochenen Studium der Medizin – beim Sezieren hatte ich den ersten, zweiten und dann den schlussendlichen Aussetzer – Hotelangestellter. Dreimal mussten mich meine Kommilitonen ohnmächtig aus dem »Aufschnittsaal«, wie wir ihn nannten, tragen und mich nach allen Mitteln der ärztlichen Kunst reanimieren. Da ich mit meinen Eltern meines in ihren Augen zu lockeren Lebenswandels wegen – ich war da ganz anderer Ansicht, wollte einzig meine Jugend geniessen, alt und verbraucht, tot war ein Mensch ja viel zu schnell – gebrochen hatte, musste ich mir durch Jobben mein Geld für die Genüsse des Lebens verdienen. Als es dann selbst mir zu wild wurde und ich fühlte, wie der Zahn der Ausschweifung an meinen Kräften zehrte, nahm ich den Posten eines Nachtportiers in der Nobelherberge »Zu den drei Brunnen« an. Mit diesem Befreiungsschlag waren meine Nächte zwar noch weiss, doch in anderem, sicher der Gesundheit weniger abträglichen Sinne ausgefüllt. Ich konnte jetzt die Nachtschwärmer und ihre Eskapaden beobachten und führte darüber Buch. Führte Buch in einem ledernen, antiken Folianten, den ich zu Beginn meiner Tätigkeit auf einem Trödlermarkt erworben hatte. Die pergamentartigen Blätter waren alle bereits angegilbt und wiesen auch Wasserflecken auf. Irgendwann musste der Band im Regen gestanden haben, wie wir alle in unserem Leben. Dieser Vergleich, den ich täglich bei meinen Einträgen anstellte, machte mir den Folianten mehr als sympathisch. Er wuchs mir richtig ans Herz. Oder war »ins Herz« die bessere Bezeichnung? Ich denke schlussendlich ja, denn er führte mich zu meiner Lebensstelle, in der ich noch heute tätig bin und die mir nach wie vor grundsätzliche Befriedigung verschafft, sodass ich keinem Menschen auf diesem Planeten das irdische Sein oder jedes andere, selbst dasjenige in der paradiesischen Ewigkeit, neiden möchte.

Doch zurück zu meinem Nächtebuch, denn ein Tagebuch war es keineswegs, in dem ich fein säuberlich alle Vorfälle, Abfälle, Zwischenfälle, Nachfälle, Auffälle, Zufälle, Klein- und Grossfälle notierte. Ich gestehe, dass ich dabei Spass hatte und diese Empfindung intensivierte sich noch, wenn ich im Buch nachschlug und mir all die Ereignisse wieder vor Augen führte. Ein richtiges Sammelsurium des Lebens war darin verzeichnet. Ein grossartiges Gemälde der Menschenseele. Ein Cocktail zwischen Hieronymus Bosch und Magritte, zwischen Cranach dem Jüngeren und Picasso ergab sich mit Worten gepinselt daraus. Drei Jahre und fünfzehn Nächte war ich dem sich so weich anfühlenden Ledereinband treu, ja gar verfallen. Schrieb und schrieb meine Beobachtungen über das sonderbare Wesen Mensch auf, zeichnete mit Bleistift Charakterköpfe und solche, die keinen Charakter auf ihren Gesichtszügen erkennen liessen. Spitzmädchen und Stumpfbuben versuchte ich in Worte zu fassen. Sprachlos blieb ich vor den Wortlosen. Hörte die Stummen, sah die Blinden. Beobachtete Schafe in Kuhpelzen und Wölfe mit Schneckenhäusern. Läuse zappelten in Menschenzöpfen, Generäle in Spinnweben des Feinds. Soldaten brieten Friedenspfeifen im Kanonenfeuer.

Jetzt bin ich mit meinen Notizen auf Seite tausendsiebenundachtzig angekommen, mein Lederbuch besitzt einen unheimlichen Seitenhunger! Da tritt das Gegenteil eines Schicksalsschlags ein – helfen Sie mir doch bitte, wie lautet das Gegenteil des Schlags? Eine Schicksalsstreicheleinheit, ein Schicksalsglücksfall – fällt Ihnen auch auf, wie viel mehr negative als positive Ausdrücke unseren Wortschatz dominieren? Nun sei es, wie es sei, die Dame steht einfach mitten in der Nacht um drei Uhr siebzehn vor meiner Conciergeloge. Die sagenumwobene Milliardärin, die in der fürstlichen Herzog-Suite einquartiert ist. Ich habe gerade die grosse Uhr im Vestibül abgestaubt, eine Arbeit, die ich als grosser Zeitsammler liebend gern vollbringe, denn es fallen bei dieser täglichen Säuberungsaktion immer Sekunden und Minuten für mich ab. Gerade weil ich den plötzlichen, täglichen, stündlichen, minütigen Sekundentod so genial zu umgehen weiss, geniesse ich die von den Uhrzahnrädern abgestossenen Einheiten intensiv. Sie gaukeln mir Freiheit vor. Ich konserviere diesen Zeitbruch in einer mit Blumen verzierten Blechschachtel und halte ihn durch regelmässige Wässerung mit meinen Tränen beweglich und einsatzbereit. Man kann nie wissen, wozu einzelne Minutenteile nützlich sein können. Für Schrecksekunden zum Beispiel oder gar Garminuten, die zur Knackigkeit des Lebens in bestimmten Augenblicken gerade dann fehlen werden.

Bereits über fünfzig Jahre alt muss sie sein, die Dame, die an meiner Loge steht. Sieht aber mehr als attraktiv aus, denke ich mit meinen die Schlafdecken abstrampelnden nächtlichen Gedanken und atme erstmals den einmaligen Duft genussvoll ein, den diese Frauenhaut verströmt. Nirgends kann ich ihn einordnen, krampfhaft versuche ich, die Mischung aus Körperduft und Parfüm in ihre Einzelteile zu zerlegen und in meinen Hirnwindungen ergebnislos zu orten, erkenne aber bereits in diesen ersten Sekunden, dass ich der Dame verfallen werde. Und so geschieht es denn auch. Kurz angebunden, beinahe herrisch und doch gleichzeitig verführerisch wirft sie die Buchstaben gruppenweise über die Theke, als ob sie eine einzigartige Auszeichnung seien:

»Wollen Sie in meine Dienste treten? Ich bezahle das Doppelte Ihrer jetzigen Einkünfte.« Die Dame legt eine Pause ein, betrachtet mein wohl fassungsloses Gesicht. »Ich gebe Ihnen sechzig Minuten – und keine Sekunde mehr, um sich zu entscheiden. Wenn sich ein Ja ergibt, reisen wir gleich ab. Die Kleinigkeiten betreffs Ihres aktuellen Dienstverhältnisses erledige ich per Mail und Scheck! Nur noch ein kleiner Hinweis: Sie würden in der Welt mehr als herumkommen und die Dienstzeiten sind bescheiden. Sie konzentrieren sich auf die Mahlzeiten. Mehr nicht. Businessclass-Flüge, De-luxe-Zimmer in Hotels und Aussenkabinen auf Schiffen sind selbstverständlich.« Mit diesen Worten eilt die Frau, ihren Geruch auf den Rezeptoren meiner Nase zurücklassend, zum gläsernen Aufzug und entschwindet. Was soll ich von der Angelegenheit halten? Ist der Gast – ich kann sie nicht gut Gästin nennen, aber wenn ich die Stelle annehme, werde ich sie nicht mit Chef, sondern als Chefin ansprechen – betrunken oder wandelt er gar schlafend durch das Haus? Wer weiss das schon. Nun, ich entscheide rasch und entschlossen, das Beste aus dem nächtlichen Spuk zu holen. Ob der Gast betrunken ist, spielt keine Rolle. Ich muss mein Glück versuchen. Möglicherweise ist das die lang ersehnte Glückssträhne, die mich wie ein Wildbach nach einem ohrenbetäubenden Gewitter mitreissen wird! Die Abenteuerlust beginnt ihren Wellenschlag in meiner Brust. Immer höher schlägt sie, bis mein Kopf überflutet wird und ich Mühe bekunde zu atmen, da die Abenteuersehnsucht mich überströmt, mich fest in ihre starken Arme nimmt und mir befiehlt, ein klares Ja auszusprechen. Ich lasse mich jedoch nicht gängeln. Weder von den Medizinern damals, noch von hübschen Milliardärinnen heute und, gelinde gesagt, am wenigsten von Emotionen, die ich zu beherrschen weiss. Schliesslich bin ich ein Mann. Ein ganzer Kerl. Ein Prachtexemplar, wie es im Buche steht. Vergleichbar mit einem Vierzehnender. Und hier in diesem Hause bin ich der Nachtplatzhirsch. Die Wassermassen kämpfen nun einen ungleichen Kampf in mir, verwandeln sich zu Gedankenwasserfällen, klatschen in meinem Bauch listig auf, verstärken mein Bauchgefühl, das mir sagt, die Flucht aus diesem Leben sei der einzige Weg in die sonst verschlossene Zukunft. Als der Duft sich nach genau neunundfünfzig Minuten und zehn Sekunden erneut verbreitet, habe ich durch unerlaubte Abwesenheit von meinem Posten mein Köfferchen mit den notwendigsten Sachen gepackt, bin bereit, ihr zu folgen, mich in die unergründlichen Abenteuerstrudel zu stürzen, die mich locken, ja bereits in ihren Fängen halten, wiegen, als sei ich im Mutterleib und würde erst im kommenden Monat geboren!

»Gut«, sagt sie. »Pünktlich bist du. Wir fahren gleich los. Die Limousine trifft in neunzig Sekunden ein.

»Wohin geht die Reise?«, erkundige ich mich.

»Ich wünsche keine Fragen, merke dir das! Und du sitzt neben dem Fahrer. Keinen Koffer berührst du. Keinen! Ist nicht dein Job.«

»Was habe ich zu leisten?«

»Bist du nicht lernfähig? Was habe ich gewünscht? Muss ich es dir buchstabieren?«

»Ja«, antwortet mein Widerspruchsgeist, getragen aber auch vom Verlangen, die einzelnen Lettern von ihr zu vernehmen, denn jeder Ton aus ihrem Mund hat eine andere Konsistenz, riecht unterschiedlich, höllisch mal und dann wieder himmlisch, jeder ist individuell.

Mit Gewitterblitzen in ihren Augen werde ich von gezischten Einzelbuchstaben zugedeckt.

»Ja«, bemerke ich nur und schlucke die Frage »Weshalb?« wie eine Kröte in meine Lunge hinunter. Ich ersticke beinahe daran und erleide einen Hustenanfall.

»Krank?«

»Nein«, fauche ich zurück, wobei mein Wort einen abgestandenen, fauligen, an überjähriges Moos erinnernden Duft absondert. Gleichzeitig empfinde ich wahre Wonne an der Nähe zur Milliardärin, die sich mit einem melodischen »Mirjam mit einem J statt dem zweiten

I« vorstellt. »Nenn mich einfach Mirjam. Aber vergiss das J nie!« Das »i« von »Mirjam« dehnt sie so in die Länge, dass eine wahre kleine Ernte wohlriechender Sekundenbrüche für meine blumige Zeitsammelbüchse abfällt. Als ich diese zücke, sieht mich Mirjam mit Fragezeichen auf ihrem linken und rechten Ohr an.

»Und das?«

»Nichts, nichts. Nur meine Sammlung von Sekunden und Minuten, eines meiner Steckenpferde.«

»Die sollst du behalten. Deine Sammlung! Sekunden an Minuten annähen, ja, das gefällt mir!«

»Habe noch nicht an diese Variante gedacht.«

»Gut, jetzt hast du! Denn wenn ich für dich denke, sind es deine Gedanken. Übrigens, wie soll ich dich nennen? Gehilfe steht dir nicht! Also?«

»‚Sekundenklauber würde mir stehen und auch gefallen!«

»Gut, Sekundenklauber, steig ein.«

Ein helles, spitzes Kläffen begrüsst uns und aus dem Lautsprecher ertönt des Fahrers Stimme:

»Willkommen, gnädige Frau. Der Kleine ist wohlauf!« Das Gekläffe wandelt sich zu einem Gewinsel und ich sehe, wie Mirjam jetzt ein Hündchen in den Armen hält, nicht grösser als eine ausgewachsene Ratte, dieses herzt, küsst und dafür mit zahllosen Schleckern mehr als belohnt wird.

»Los, Arthür, wir fahren ins Blaue und du, Sekundenklauber, nimmst neben dem Fahrer Platz!«

Der Türschlag wird aufgehalten, mit einem gewagten Sprung rettet sich das Hündchen in die Polster, in die sich nun auch Mirjam fallen lässt. Arthür braust los, ich frage mich, wo »ins Blaue« liegt und wie weit es entfernt sein kann. Ich hoffe, es sei nah, denn am Horizont ist bereits andeutungsweise das Morgengrauen sichtbar und ich muss mich meinem Schlafritual ergeben. Ob ich will oder nicht, sobald die ersten Strahlen der Sonne erscheinen, überkommt mich – wohl eine Folge meines Berufs – ein unendliches Schlafbedürfnis, das zu unterdrücken ein Kampf gegen Windmühlen darstellt. Die neue »Frauschaft« wird sich daran zu gewöhnen haben, denke ich und falle kurz darauf in einen tiefen Schlaf, begleitet von der Gewürzkammer der Gerüche, die von Mirjam ausgehen und den Wagen im Nu erobert haben.

Mein Schlaf ist entgegen meiner Gewohnheit unruhig. Ich träume von Seziersälen, gleissendem Licht, von weissen Räumen, von Geräten. Ich höre Worte wie »Blutdruck«, »Atemkontrolle«, »fällt«, »defibrillieren«, werde selbst im Traum nicht klug daraus. Und dazu die verführerischen Gerüche, ach, ich will sie nie wieder missen müssen!

Ich wache auf. Es ist bereits dunkel! Ich muss zur Arbeit, sonst habe ich die Portierstelle verloren. Ich versuche aufzustehen. Doch meine Glieder sind so schwer. Irgendetwas ist mit mir geschehen! Ein Unfall? Ja, Arthür! Mirjam! Ich sass doch der Abenteuerlust und des doppelten Gehalts wegen in der Limousine. Bin wohl eingeschlafen. Dieser intensive Geruch! Zum wahnsinnig werden. Diese Geruchslawine. Jeder Atemzug betört mein Hirn mit einem Riechrausch. Mit Mühe öffne ich meine Augen. Die Lider sind so unheimlich schwer. Ich liege auf einer Matte. Nein, so bin ich noch nie gelegen. Arme und Beine weit von mir gestreckt, auf dem Bauch. Einen Heisshunger verspüre ich! Und wieder diese Geruchswolken! Es riecht nach Fleisch, Käse, Brot, Karotten – oh wie ich Letztere hasse –, alles auf einen einzigen Schlag! Da erkenne ich wie durch einen Schleier Mirjam in einem gestylten Stuhl ohne Lehne sitzend. Sie duftet einfach göttlich! Jedes Körperteil, jedes Haar, ach diese Ausdünstung! Vor ihr steht Arthür, er hört Mirjam aufmerksam zu. Ich muss mich konzentrieren. Das fällt mir so unglaublich schwer. Jedem Wort will ich folgen. Bin ich dazu in der Lage? Mirjam spricht ruhig, irgendwie wirkt ihre Stimme glücklicher als gestern. Nicht mehr so fordernd, nicht mehr so verspannt. Hat sie ein herrliches Schlaferlebnis geniessen dürfen?

»Weisst du, Arthür, eigentlich wollte ich ihn als Vorkoster für meinen kleinen Schatz einsetzen, ich wünsche mir ja schon lange ein grösseres, mächtiges Exemplar. Er wird seine Aufgabe bestens lösen können, wenn er sich erst vom Eingriff erholt hat. Er hat ›un caractère de chien‹, wie die Franzosen sagen, seine Eignung ist deshalb hervorragend und unbestritten. Schau ihn dir nur an, er lernt gar, seine Zähne zu fletschen.«

Ich vernehme jetzt ein deutliches aggressives, böses Knurren. Es kommt aus meinem Hals.

EIN BESONDERER TAG!!

Weckergeklingel!

Ahh, gestern Abend habe ich hier im Hotel zum braunen Bären eingecheckt.

Mein Schädel!
Zu viel getrunken gestern Nacht?
Ohrverstopfungswunsch.
Beine aus dem Bett gestreckt.
Elendig kalt.
Lichtschaltersuche.
Klicken.
Blitz.
Die Birne hin.
Super!
Der Tag beginnt ja glänzend!
Pantoffelsuche.
Kein Fund.
Wo hab ich die gelassen?
Boden eisig.
Fusssohle brennt dadurch.
Tastetanz zum Bad.
Endlich Licht.
Wasser kalt.
Heizung hin?
Ölvorrat geschmolzen.
Welchen Tag haben wir heute?
Gestern war doch Montag!
Was zeigt der automatische Kalender im Handy an?
Sonntag?
Das Ding auch hin?
Alles geht flöten!
In was für einer Welt lebe ich denn?
Donnerwetter, draussen liegt Schnee.
Viel Schnee!

Zwei Meter Schnee!
Letztes Wochenende lag ich doch noch im Schwimmbad in der Sonne?
Auch das Klima defekt?
Zu Hause Schippen angesagt.
Wie komme ich sonst in die Garage?
Kaffee kochen!
Die haben doch so einen Wasserkocher über der Minibar.
Wo ist denn das Pulver?
Und das gestern gekaufte Brot?
Ein Stück Stein in der Bäckertüte!
Wie kommt es dort hinein?
Radio anschalten.
Nur Rauschen!
Wer hat das alles verstellt?
Gestern Abend habe ich noch meinem Lieblingssender gelauscht.
Kann doch nicht sein.
Wo ist er, der Sender?
Atmosphärische Störungen.
Mist!
Da, ein Sender!
Gequassel!
»Guten Morgen! Wir begrüssen Sie am frühen Morgen des ersten April im Jahre sechsundsechzig in der dritten neuen Eiszeit und wünschen Ihnen einen warmen Tag! Falls Sie fieren sollten, liegt das am Wetter. Haha!«

FISCHGRÄTE

Kommen Sie sofort … Unverzüglich«, erklang die aufgeregte Stimme am Telefon. Ich hatte in jener Nacht Dienst an der Rezeption. Sie wissen gar nicht, wie ich den Nachtdienst liebe. Diese Nachtstunden, in denen sich der Mensch mit seinen Absonderlichkeiten offenbart, in denen die ganze Tünche, die Schminke abblättert und der wahre Charakter des Wesens sich dem Licht der schwarzen Nacht zu öffnen weiss.

»Es ist etwas Entsetzliches geschehen! Kommen Sie sofort!«, fuhr die nervöse, beinahe hysterische Stimme fort.

Nun, wie gesagt, in der Nacht darf man, das lehrt mich meine Erfahrung als Nachtportier, nicht alles für bare Münze nehmen. Albträume schrecken Gäste, Erinnerungen schweben mit dunklen Fledermausflügeln daher, krallen sich fest. Es ist erstaunlich, was Gäste heimsuchen kann!

»Sofort«, und im selben Atemzug erneut das Wort *»unverzüglich«*, jetzt aber als Hilfeschrei in die Muschel nicht etwa gebrüllt, sondern gehaucht!

»Fischgräten«, folgte als nächstes Wort nach einer kurzen Pause.

Nun, unser Hotel ist bestens ausgerüstet und wir besitzen Notfallchecklisten beinahe wie in einem Copkick – oder wie sagt man zu diesem Steuerstand von Verkehrsflugzeugen? Oh nein, das nennt sich Cockpit, weshalb auch immer, sodass ich unter »Fischgräte« nachsehen konnte. Schlüssig stand da: »Kann lebensbedrohend sein! Unverzüglich!« Komisch, dachte ich, schämte mich aber gleich der gedanklichen Wortwahl, denn mit Komik hat ja Lebensbedrohung bestimmt nichts gemein. Hier taucht dieses »unverzüglich« ebenfalls auf: »Unverzüglich Arzt anrufen! Nachts den Notfalldienst des städtischen Klinikums sowie die Ambulanzdienste verständigen!« Es folgte deren Telefonnummer, ich erinnere mich genau, obwohl doch jeder einigermassen geschulte Nachtportier diese auswendig kennt, aber die Verfasser wollten wohl nicht das kleinste Jota dem Zufall überlassen. Nun, verständlich, denn eine Fischgräte im Hals, das ist kein Spass, so mancher Mensch verlor sein sonst noch langes vor ihm liegendes Leben durch einen solchen Racheakt eines Meeres- oder Seewesens! Ich auf jeden Fall esse Fisch immer mit äusserster Vorsicht und ziehe ein saftiges Steak ganz ohne Gräten vor. Und da wird doch tatsächlich behauptet, Fisch sei gesund, da muss ich gleich lachen, obwohl es einem Portier keineswegs zusteht, seine Gefühlsbewegungen der Öffentlichkeit preiszugeben. Doch ich schweife ab, entschuldigen Sie! Die langen einsamen Nachtdienste verführen unseren Berufsstand zur Geschwätzigkeit. Irgendwann entsteht ein Nachholbedarf. Die in Worte gegossenen Gedanken suchen einen Ausgang und diese aus den Ohren quellen zu lassen, wäre nun wirklich kein angenehmer Anblick!

Also, bereits beim Lesen der Anleitung leuchteten alle Alarmlämpchen in meinem Kopf auf, ich griff nach dem zweiten Telefon, legte den ersten Hörer ab, nicht ohne mit fester, ruhiger Stimme den Anrufer aus Zimmer siebenundzwanzig um eine Sekunde Geduld gebeten zu haben und rief die Notpforte des Spitals an. Eine verschlafene Arztstimme antwortete mir, die mir nach einer Bedenkminute mitteilte, dass die OP sofort vorbereitet werde. Dann telefonierte ich mit der Ambulanz, von der ich die Antwort erhielt: »In neun Minuten sind wir bei Ihrem Hotel. Bewegen Sie den Patienten nicht. Sollte er hingegen nicht mehr atmen, beginnen sie vorsichtig mit der Mund-zu-Mund-Beatmung und stellen Sie fest, welcher Konfession der Patient angehört, damit wir die Seelsorgedienste erwecken können.« Ich vernahm im Wort »erwecken« einen unüberhörbaren Schmunzler, ich musste einen richtig abgehärteten Profi an der Strippe haben!

Ich nahm den ersten Hörer wieder zur Hand, stellte die unumgängliche Frage »Atmet sie oder er noch?«, um die überraschende Antwort zu erhalten: »Atmen wäre der falsche Ausdruck, ich japse«, was noch weitere Alarmsignale in meinem Hirn auslöste. Ich liess alles fallen, Hörer, Bleistift und was ich sonst aus Nervosität noch in den Händen hielt und eilte mit Riesenschritten aus meiner Loge zum Aufzug. Der aber befand sich im siebten Stock und da dieser ein Nostalgielift aus dem vorigen Jahrhundert mit entsprechend langsamer, aber umso ruhigerer Fahrt war – wir legen grössten Wert auf Ruhevermittlung und Stille für unsere Gäste –, beschloss ich blitzschnell, das Treppenhaus zum zweiten Stock zu benutzen, nahm jeweils zwei Stufen auf einmal, um dann durch den langen Gang zum Zimmer

Siebenundzwanzig zu eilen, das ganz auf der Südseite des grossen aus dem 19. Jahrhundert stammenden Hotelgebäudes lag. Auf mein zuerst hastiges, dann forderndes Klopfen rührte sich jedoch nichts. Kein Laut drang durch die schallgeschützen Türen, was mir in Anbetracht der Lage fast unwirklich erschien. Jetzt war es an mir, in Panik zu geraten, denn, nicht wahr, der Schluss, es ringe jemand in besagtem Zimmer um sein Leben oder einzig noch um einen Hauch davon, lag ja bestimmt nicht fern. Dieser Gedanke war sozusagen unverzüglich zum Nachbarn des Fischgrätendramas geworden, dessen Zeuge ich in jenem Augenblick zu werden schien. *Schlüssel.* Dieses simple Wort durchzuckte wie ein Blitz meinen durch die Jahre bereits kahl gewordenen Schädel, sodass dieser Gedanke sich selbst gebärend, wenn auch nicht laut, nein, beinahe stumm über meine Lippen trat. Ich machte rechts kehrt und hastete zur Treppe. Dabei verfing sich ein Absatz an einer Teppichstange. Doch dank meines täglichen Aufbautrainings behielt ich, nach einigen wohl lustig aussehenden Schwankern, das Gleichgewicht, erreichte meine Loge und griff nach dem Passepartout. Dieser öffnet mit Ausnahme des Safes alle Türen und Tore des Hotels. Als erfahrener Feuerwehrmann – ich gehöre trotz meiner Jahresringe noch zur freiwilligen Hotelwehr – griff ich zudem nach der Axt, die für Notfälle unter der Theke bereitzuliegen hat. Ihre Halterung klemmte jedoch. Ich musste also schon hier Gewalt anwenden, obwohl mir bereits das Wort mehr als verhasst ist, bin ich doch ein friedliebender und unbescholtener Bürger dieser Stadt.

Mit dem Passepartout und der Axt bewaffnet rannte ich die Treppe hoch, im zweiten Stock atemlos ankommend, dann den Gang entlang, klopfte ich erneut mit aller Kraft an die mit einer goldenen, verschnörkelten, kunstgeschmiedeten Siebenundzwanzig geschmückten Zimmertür und steckte, als mir erneut nur eisige Stille entgegenschwappte, den Schlüssel ins Schloss. Die Stille jedoch starrte mir weiterhin unbeweglich und feindlich, ja fratzig ins Angesicht. Der Schlüssel liess sich drehen, was das erste Erleichterungsgefühl dieser Nacht in mir auslöste, denn eine zertrümmerte Hotelzimmertüre auf dem Gewissen zu haben, Sie kennen ja bereits mein Verhältnis zur Gewalt, wäre alles andere als angenehm für mich gewesen. Ich öffne also die Türe, sah, dass das Fenster zum Balkon weit geöffnet ist und bemerkte dort den Hauch eines Schattens, der sich bewegte.

Ich stürzte also zum Balkon, schliesslich dachte ich, jemand könnte in diesen Nachthirngespinsten und umgeben von durch seinen verwirrten Geist selbst geformten Albtraumscherenschnitten auf dumme Gedanken kommen. Draussen sah ich den Gast von Zimmer siebenundzwanzig mit kalkweissem Gesicht im roten Schlafanzug an der ziselierten Brüstung stehen, einen dicken Wintermantel in der Hand haltend und auf diesen mit festgefrorenem Blick starrend. Er schien in Trance, versunken. ›Vorsichtig sein, vorsichtig sein‹, sagte ich mir selbst, ›du weisst nie, was so einer eingenommen hat und eine Tragödie, nein, die schadet dem Ruf unseres Hauses und gefährdet meinen Arbeitsplatz. ‹ Ich erinnerte mich bis in die letzte Einzelheit, dass ich sogar erwägte, den stillen, leisen Rückzug anzutreten. Aber mein Gewissen befahl mir, den Gast anzusprechen, denn eine Fischgräte konnte, am unmöglichsten Ort seines massigen Körpers gelandet und dort gar angedockt, so dachte ich mir, Lähmungen auslösen, die sich als Trance äussern würden. Ich nahm meinen Mut in meine beiden bisher fest verschlossenen Lippen, befahl diesen, sich meinem Sprachzentrum zu unterwerfen, ihm willig zu sein, auch wenn dies übermenschlicher Anstrengung bedarf und sprach den Herrn, dessen grau meliertes Haar ungebändigt wild in den Nachthimmel stand, vorerst behutsam an. Ich wollte nämlich nicht, sollte er am Schlafwandeln sein, dass er vor lauter Schrecken den Halt verlor und über die Brüstung in die Tiefe stürzte:

»Mein Herr«, sagte ich so sanft wie die Samtpfötchen der jungen Hotelkatze, »Sie haben mich angerufen! Kann ich Ihnen in irgendeiner Form behilflich sein? Der Arzt wird auch gleich eintreffen oder zumindest die Ambulanz, die Sie zur Notfallpforte führen kann. Dort, mein Herr, werden Sie in den besten Händen sein und dieses lästige Problemchen in Form eines Fischüberrests wird seinen Weg dahin finden, wo es hingehört, nämlich auf den Kompost. Die kleine Episode wird bald vergessen sein«, fügte ich noch an, mit beinahe singender, beruhigender Stimme, die mir im Laufe meiner Dienstjahre in Notsituationen wie eine Mitternachtsblume wächst, mit einem Lächeln um die störrischen Lippen. Nun bemerkte ich, dass die Blässe das Gesicht des Gastes fluchtartig verliess und stattdessen die Farbe des Nachtgewands von der Halskrause stetig höherstieg, eine Bauchlandung auf seiner glatten, glänzenden Haut vollführte, beinahe wie wenn ein mutiger Junge, der seinem Herzmädchen imponieren will, vom Dreimeterbrett des Schwimmbads bäuchlings auf die Wasseroberfläche aufklatscht.

»Sie, Sie«, sprach er mit einem mächtigen Bass, der Tote erwecken konnte, »Sie impertinenter kleiner Wicht, was nehmen Sie sich heraus?«

Nun, beschimpfen lasse ich mich nicht. Auch nicht von den bestzahlenden Gästen. Nein, das kommt nicht in Frage. Da steigt, als sei es ein Jagdflieger, mit einem fürchterlichen Pfeifen in meinen Ohren die blanke Wut in mir empor, die ich trotz meines zügelvollen Lebens nicht mehr unter Kontrolle halten kann. Das Nachtgewand des Gastes musste demnächst rosafarben in die Nacht schimmern, da es nun erneut rote Farbe abzugeben hat, diesmal an meinen ganzen Körper. Jetzt standen wir uns aufgebracht und von Emotionen zerwühlt gegenüber, wie zwei mit Sporen versehene Streithähne. Worte bedurfte es keiner mehr, die Körpersprache hatte die Verständigung vollkommen übernommen. Wir schnaubten uns an, der Atem von uns beiden verlief stossartig und ohne Regelmässigkeit und ich bemerkte auf den Lippen meines Kontrahenten kleine Speicheltropfen, die im Mondlicht schimmerten. Diese brachten mich denn auch wieder zur Vernunft, denn mein Verstand stellte meinen Muskeln die Frage, ob diese Erscheinung nicht eine Folge der verschluckten Fischgräte war. Augenblicklich wurde ich ruhig. Machte zuerst einen Schritt rückwärts, zeigte dann meine leeren Handflächen, richtete diese auf die Augen des bulligen Mannes, sodass dieser sehen konnte, dass ich unbewaffnet war und kein böser Gedanke mich leitete. Dies hatte dann auch, nach uralten, in unserem kollektiven Unterbewusstsein verankerten Verhaltensmustern eine entspannende Wirkung auf mein Gegenüber. Es senkte seinen Kopf, breitete den dunklen Mantel zwischen seinen Händen aus, zeigte dann mit Kopfdeutungssignalen auf den Stoff, dessen Fischgrätenmuster an dieser Stelle durch einen grossen dunklen Fleck, ähnlich einer partiellen Mondfinsternis, verdeckt war.

»Nie wieder«, hob er mit tränennasser Stimme an, »wird dieser Mantel, den ich seit meinen jungen Jahren trage, wieder derselbe sein. Das Geschenk meiner jung verstorbenen ersten Freundin, die ich auf Händen zu tragen wusste, ist verdorben. Sie liebte das Fischgrätenmuster über alles und ich sie. Wie soll ich nur weiterleben, jetzt da auch das Zweite mir genommen wird.«

Er hüllte sich damals im schwarzen Licht auf dem Balkon des Zimmers siebenundzwanzig, einen Schritt vom Geländer und damit vom Abgrund entfernt, in seinen befleckten Fischgrätenmustermantel. Ich werde diesen Anblick, solange ich lebe, nie vergessen. Manchmal in dunklen, langen Nächten wachträumt es mir gar davon und ich schrecke dann, obwohl nicht schlafend, von meinem Tresen mit einem unterdrückten Schrei auf. Gut, dass kein Gast mich je so erblicken konnte. Oder vielleicht doch?

Ich konnte dem eingehüllten Gast damals nicht helfen, weder mit einfühlsamen Worten noch mit wortreichen Gefühlen, und so eilte ich zur Rezeption, um den Ambulanzfahrer unverrichteter Dinge, versehen mit einem Becher heissen Kaffees, in die Nacht zurückzuschicken. Denn den Fischgrätenmantel in das Spitalfahrzeug zu legen, um diesen in den OP zu transportieren, wäre wohl der falsche Weg gewesen. Oder vielleicht doch nicht?

HOTEL ZUR SONNIGEN WELTENUHR

Ich fahre mit der Bahn von K. nach R., eine lange, anstrengende Fahrt in einem übervollen Zug. Die Sitze sind eng, die Reisenden abgespannt und aggressiv. Ich trage mit meinem Sitznachbarn ein Armlehnengefecht aus, das mit stechenden Grenzverletzungen still beginnt, um dann nach drei vollen Stunden der Provokation in ein lautes Wortgefecht überzugehen, an dem sich schlussendlich ein Dutzend Menschen beteiligt. Ein weiser weisshaariger Mann, gut, aber einfach gekleidet, bietet mir an, seinen Sitz, der sich ihm gegenüber befindet, einzunehmen. Er sei schlank und vermöge es besser, Grenzverletzungen zu vermeiden. Ich nehme das Angebot mit Freuden an, denn den Störenfried endlich los zu sein, ist eine Erlösung – zu fest hat sich mein Inneres bereits auf Krieg eingestellt! Ich komme mit meinem Wohltäter ins Gespräch. Wir diskutieren über den Teufel und die Gegenwelt, kommen vom Hundertsten ins Tausendste und landen bei der Beschreibung von kulinarischen Köstlichkeiten und Übernachtungsmöglichkeiten im Anschluss von Weindegustationen, um Unannehmlichkeiten mit dem Fahrausweis zu vermeiden. Der Unfriedenstifter, mein einstiger Nachbar, versucht auch bei ihm Ellbogensticheleien, die dieser jedoch nicht nur nicht beachtet, sondern er lässt den Kerl gar im luft- und wortlosen Raum in Eiseskälte stehen. Mein Wohltäter lobt, als er vernimmt, dass ich nach R. fahre, das Hotel Zur sonnigen Weltenuhr so über alle Massen, dass er meine in mir schlummernde, grenzenlose Neugier zu wecken weiss.

In R. angekommen – mein Gegenüber ist, wie übrigens auch mein Ellbogengrenzkrieger, bereits in N. ausgestiegen – komme ich nicht umhin, meinen Taxifahrer als Erstes zu beauftragen, mich zu besagtem Hotel zu fahren, obwohl ich im Continental, dem ersten Haus am Platz, eine durch Kreditkartennummer gesicherte Reservierung besitze. Ich bitte den Fahrer, kurz zu warten, trete in das Hotel Zur sonnigen Weltenuhr ein. In ihm herrscht ein lärmstummes Ticken, denn an jedem freien Platz im Hause, insbesondere an den Wänden, sind Uhren angebracht, deren Genauigkeit durch einen Zeitdompteur gesichert wird. Dieser mutige Mann soll früher in einem berühmten Zirkus Silberfischchen dressiert und in ihre Schranken gewiesen haben, was er nun mit den Sekunden im Hotel zu vollbringen hat. Ich erkundige mich nach den Zimmerpreisen, die durchaus vertretbar und deutlich unter jenen des Continental liegen. Ich befrage den Concierge, was es mit den Uhren im ganzen Haus – an der Fassade habe ich übrigens eine riesige Sonnenuhr entdeckt – auf sich habe. Zur Antwort bekomme ich, dass das Haus für seine Gäste Zeit domestiziere. Es sei das erste Etablissement weltweit, das diesen so nützlichen und bekömmlichen Service biete und deshalb noch an seiner Vervollkommnung feile. Es komme noch, doch immer seltener, vor, dass Sekunden versuchen, sich in Brotlaibe zu retten, was beim Verspeisen unangenehme Knacklaute hervorrufen könne. Dies sei jedoch der einzige Nachteil. Minuten hingegen seien bereits im Aufzug gesichtet worden, wenn sie ihren Stunden nachzueilen hofften und die Segnungen der modernen Technik dafür in Anspruch nähmen. Es sei klar, dass eine fehlende Stunde einiges an Durcheinander kreieren könne, denn irgendwo fehle diese dann und sei unwiederbringlich verloren. Aber die Technik sei daran, die Anlaufprobleme zu beheben und solche gebe es wahrlich nicht einzig bei der Zeit! Ein herzliches, offenes Lachen begleitet die Worte, sodass ich mich sofort entscheide, in diesem Hotel zu verweilen. Ich frage nach einem Zimmer in der höchsten Kategorie, was mir der Mann hinter der Theke gleich zusagt. Dabei huscht ihm ein maliziöses Lächeln über seine linke Backe, das er sogleich unterdrückt und so nicht auf die rechte übergreifen kann.

»Zimmer drei-drei-drei ist noch zu haben. Da es in der Nähe der Zeitkontrollstelle des Hauses liegt« – weshalb *liegen* Zimmer immer? – »kann manchmal Sekundenverschnitt durch die Lüftung einfallen. Absolut ungefährlich. Dafür kann ich Ihnen einen super Schnäppchenpreis anbieten. Sie erhalten auf den normalen Zimmerpreis fünfundzwanzig Prozent Umstands- und dazu noch zehn Prozent Zeitrabatt.«

Obwohl ich mir unter »Sekundenverschnitt« nichts vorstellen kann, willige ich ein, lasse den Koffer beim Taxi abholen, eile zum Fahrer, um ihn zu bezahlen, fülle das Ankunftsformular – alles muss ja schliesslich seine Ordnung haben – aus, gebe dem Hotel eine Kopie meiner Kreditkarte in Gewahrsam und folge dem Kofferträger in das Zimmer dreihundertdreiunddreissig. Er verabschiedet sich mit einem Nicken, nachdem eine grosse Münze die Hand gewechselt hat. Doch beunruhigt mich, dass jetzt auf seiner rechten Wange, wohlverstanden nicht auf seiner linken, dasselbe maliziöse Lächeln wie vorher beim Concierge erscheint und auch er dieses sogleich unterdrückt, damit es nicht die linke Wangenseite erreichen kann.

Die Dreihundertdreiunddreissig ist durchaus geräumig. Das Bett – ich lege mich in jedem Hotel gleich nach Ankunft angekleidet, testend, federnd auf die Bettstatt – ist nicht zu hart, aber auch nicht zu weich, was ich aufs Schlimmste hassen würde. In einem Bett wie in Meeresschlick zu versinken, womöglich noch zugedeckt mit einem gewichtigen Federbett unförmigen Ausmasses, ist mir mehr als ein Gräuel, es ist für mich ein sofortiger Ausziehgrund. Verstehen Sie mich richtig: Ausziehen im Sinne des Auszugs und nicht der schlafvorbereitenden Kleiderentledigung. Die Möblierung glänzt durch Schlicht- und Bescheidenheit: ein Schreibtisch aus Tannenholz, Fichte oder Ähnlichem, in dem die Jahresringe des vor Jahren gefällten Baumes sichtbar sind; ein Lehnstuhl aus Nappaleder. Auf dem runden Beistelltisch eine Schale Obst mit den Grüssen der Direktion und dem Wunsch, einen erspriesslichen Aufenthalt zu haben. »Erspriesslich«? Kann ein Aufenthalt spriessen? Ist wohl die Mundart dieses Menschenschlags, der in diesen Zeilen seinen Niederschlag findet. Vor dem Fenster brennt eine Strassenlaterne. Sie beleuchtet mit Eifer den Nieselregen, der Blumen aber auch schlechte Laune aufkeimen lässt. Ich fühle, wie diese in mir aufsteigt, denn von den Versprechungen meines Spitz-Ellbogen-Kriegserretters sehe ich nichts. Da wäre das Continental doch drei Stufen besser, denke ich und erwäge gar einen Auszug. »Eher Umzug«, korrigiert mein angeborener, in mir wie in einem homogenisierten Essiggurkenglas fest verschlossener Lehrer.

Was mich stört, beinahe ärgert, ist das Fehlen eines Fernsehgeräts, spielt doch meine Fussballmannschaft heute Abend in der Champions League. Werde also wirklich abziehen, umziehen, fortziehen. Werde diesem Hotel trotz aller Vorschusslorbeeren entsagen müssen. Also kein Kofferauspacken. Aber ein Apfel wird einem Gast wohl nicht verwehrt sein dürfen. Selbst einem Minutengast, der nicht zahlt. Ich greife in die Früchteschale, nehme einen knallgrünen, beinahe giftig aussehenden Apfel in die Hand. Denke dabei an Schneewittchen. Ich liebe den hohen Säuregehalt, der mein Inneres zusammenzieht, die

Nervenzellen in mir berieselt. Auf ihnen Harfe spielt. Als ich in die Frucht beisse, fühlt sich diese unter meinen Zähnen künstlich an … und schmeckt doch nach meinem Gusto. Ich erschrecke nicht unerheblich und mein Lehrer dreht sich dabei in seinem Glase um, denn statt eines Kerngehäuses erkenne ich im Inneren des Apfels eine kleine Kunststoffuhr. Digitalisiert. Ohne Zeiger. Dafür mit einer Zahlenanzeige, die über Jahr, Monat, Tag, über Stunden, Minuten, Sekunden, Zehntel- und Hundertstelsekunden zu berichten weiss. ›Was soll denn das?‹, empört sich mein homogenisierter Essigglasinhalt. An der Uhr erkenne ich einen kleinen ziselierten Knopf, der sich herausziehen lässt.

›Ahh, wie bei deiner Konfirmandenuhr‹, bemerkt spitzbübisch meine Vergangenheit, die in meiner Oberlippe lebt und ihre Erfahrungen oft ihrer jüngeren Schwester mitzuteilen sucht, die aber nie hören will – mit der Begründung, die Ohren seien zu weit entfernt – und einzig die Gegenwart und Zukunft kennt. Ich drehe an dem Ding. Nichts geschieht. Keine Zahl bewegt sich.

›Na ja‹, kontert die Oberlippe, ›was hast du dir denn dabei erhofft? Solltest doch wissen, dass das Kindereien und Kinkerlitzchen sind. Knöpfe sind für was da?‹, fragt sie jetzt impertinent.

›Zum Drehen oder Halten‹, grummelt der Lehrer in seinem Essigglas.

›Ich habe gedreht‹, weise ich ihn zurecht.

›Herausziehen und drehen! Vergisst du denn alles, was ich dir in all den Lehrerjahren beigebracht habe?‹, spricht er jetzt mit seiner spitzen Pädagogenstimme.

Also ziehe ich den Drehregler – um einen solchen muss es sich ja handeln – heraus.

›Ein Zeitregler‹, tönt es hohl aus meinem Bauch. ›Du bist immer noch ein miserabler Schüler!‹

›Miserabel, miserabel‹, äfft die Oberlippe ihn in Stakkato nach.

Ich beginne zu drehen. Die Ziffern bewegen sich. Die Stunden. Die Tage. Macht echt Spass, ihnen zuzusehen. Vorwärts, vorwärts, denke ich! Die Unterlippe jubelt dabei. Die Oberlippe zittert. Verzieht ihre Formen. Versucht, in den Mund zu fliehen. Was ihr trotz Anstrengung nicht gelingt. »2. Februar 2618 14.22.44.87«, steht auf dem Ziffernblatt, auf dem jetzt deutlich schwarze Bremsspuren zu erkennen sind.

›Zeitabrieb?‹, vermerkt die Unterlippe mit ihrem Echobass.

›Zeitabrieb, Abrieb, Rieb, B‹, das Letzte ganz nackt, echot es in meinen Gedärmen. Ich verspüre ungewohnte Schwerkraft. Dunkel ist es. Um zwei Uhr nachmittags? Schwarzes Loch? Atomunfall? Erdachsenverschiebung? Nachtseite der Erde? Kalt! Ich friere. Öffne tastend das Fenster. Es heult ein Sturm. Nein, gastlich ist diese Zeit keineswegs. Die Apfeluhr hat mich in eine ungewisse Zukunft mit nicht unerheblichen Unannehmlichkeiten katapultiert. Nein, 2618. Nein danke. Ich will fort von hier.

›Du hast es in der Hand‹, pfeffert die Lehrerseele mit letzter Kraft aus ihrem Essigglas.

›Dreh, dreh zurück!‹, lispelt die Oberlippe.

Die Unterlippe schreit: ›Nnneeeeinn!‹

Ich drehe zurück. Oh Himmel, 12. Juli 1456.09.1.23.66.

Hunger habe ich.

Hell ist es!

So viele Menschen vor dem Hause.

Erregte Menschen.

Mitten auf dem Platz ein Gerüst.

Mit Ketten befestigt eine Frau.

Jung.

Verzweifelt.

»Tod der Hexe!«, höre ich aus Tausenden von Kehlen.

›Neeeiiinn, nichts wie fort von hier!‹, schreit die Unterlippe, hält sich an ihrem Oberbau fest, sodass diese nicht in der Vergangenheit verharren kann. Das Essiggurkenglas glupscht, wellt seinen Inhalt der Zukunft zu und wispert mit letzter Kraft:

›Gegenwart! Auf in die Gegenwart! Auf, auf, warte nicht‹, und die Lehre des Lehrers lässt sich in die homogenisierte Masse fallen.

Ich drehe verzweifelt am Kranzrad.

Jahrhunderte fliegen. Jahrtausende. Heiss und kalt. Atemlos! Sekundenlawinen brechen los. Jahreswellen. Schrecken. Und alle über mich hinein.

›Wie, wie kommen wir zum Jetzt?‹, mischt sich nun meine Zunge ein. Schnalzt, als sei der Zeitengang ein Pferd.

›Deine Versuchsanzahl neigt sich dem Ende zu. Nicht ewig kannst du Zeitreisender sein‹, wift der in Essig liegende Instruktor sarkastisch ein. Und Päng, sein Glas zerbricht. Säure breitet sich in meinem

Magen aus. Fliesst zum beweglichen Ding, das die Zeit beherrscht. Ich fürchte mich! Wo werde ich nur stecken bleiben? In welcher Zeit?

Da schlägt mein letztes Stündchen laut.

Furioso!

Unablässig!

Der Alarm des Lebens.

Hört nicht mehr auf.

Es ist der bestellte Weckruf.

»Gut geschlafen, der Herr? Hat Sie der Sekundenverschnitt nicht zu sehr belästigt?«, tönt heiter morgenfarbig die stimmige Stimme des Concierge.

Ein sonniger Tag steht vor der Tür.

Die Sonnenuhr zeigt, Gott sei es gedankt, keine Jahreszahl an ...

LA BASTIDE

MARTHA

Martha war ein herrlicher Mensch – so frisch, so geistreich und von beinahe überirdischer Schönheit. So empfand ich es jedenfalls. Und wie jedes Mal, wenn ich mich bis über beide Ohren verliebte, hatte ich nur noch einen Wunsch: mich mit dem Mädchen meiner Träume in die Einsamkeit zurückzuziehen, mit ihr allein zu sein, um nicht immer in der Angst leben zu müssen, sie an einen anderen zu verlieren. Mein Lieblingsziel für einen solchen Rückzug war die einsame und wilde Gegend des Luberon in der französischen Provence.

Also schwärmte ich Martha von den lilafarbenen Lavendelfeldern dieses Landstrichs vor, von den einsamen Gehöften, den göttlichen Lammgerichten und dem schweren erdigen, sich im Gaumen nachhaltig entfaltenden Wein der Region. Ich erzählte ihr von den abgelegenen Wanderpfaden, den teilweise in den Fels gehauenen Herbergen, die mit der Natur eine organische Einheit zu bilden schienen, von der goldenen Septembersonne und dem Zirpen der Grillen in Vollmondnächten.

Trotz anfänglichen Widerstands willigte sie schliesslich ein – wie übrigens auch alle meine früheren Liebsten –, mit mir dorthin zu reisen. Dem Gesang und Geruch des Südens konnte keine widerstehen und genau darauf legte ich es an. Obwohl es bereits September war, erlebte ich diesen Tag dank Marthas Einwilligung als einen wahrhaftig beschwingenden Frühjahrstag.

Zur Vorbereitung unserer Reise gab ich ihr eine Liste der benötigten Dinge, die in den ebenfalls notwendigen Tramperrucksack gehörten und bat sie, alle aufgelisteten Sachen gewissenhaft einzupacken. All die nützlichen und schönen Utensilien, die wir mitzunehmen gedachten, sollten die kommenden Tage versüssen – uns sollte es an nichts fehlen! Sie stimmte meinem Anliegen zu und wir verabredeten uns für den nächsten Morgen auf dem Bahnsteig, von dem der Zug um sechs Uhr dreiundvierzig nach Avignon ausrollen würde – hier sollte unser Abenteuer seinen Anfang nehmen.

Die Bahnfahrt verlief bestens, meist ruhte ihr Kopf an meiner Schulter und wir blickten träumend in die vorüberziehende Landschaft, deren weiche, honigfarbene Töne umso intensiver schimmerten, je weiter wir in den Süden kamen. Strahlender Sonnenschein empfing uns in Avignon, der Stadt der Päpste. Dort trafen wir auf einen gut gelaunten Chauffeur des Linienbusses, der uns in den Luberon nach Ménerbes brachte – er trillerte am Steuer eine Opernmelodie und machte den Eindruck eines verhinderten Sängers.

Martha und ich waren ebenso wohlgemut, frisch verliebt bot sich uns das Leben in den schönsten Farben – ach, wie liebte ich diesen Zustand der Verträumtheit und des Glücks! Danach hatte ich immer gesucht.

Zusammen sahen wir uns das Dörfchen Ménerbes an. Es verzauberte mit seinen Gerüchen unseren Geist noch mehr und wir fühlten uns verschmolzen zu einem einzigen Wesen, unzertrennlich für die Ewigkeit.

LES SEPT OLIVIERS

In diesem kleinen Tal im Luberon wohnte ich nun bereits seit sechs Jahren. Es blieb mir damals keine andere Wahl, als einen neuen Wohnsitz zu suchen, denn wo sonst konnte ich die Bedürfnisse von Amadeus erfüllen, wie wir unseren Sohn Johann gelegentlich nannten. Denn er, der so herrliche Musik zu schreiben wusste, brauchte seine Ruhe, seine Einsamkeit und durfte keinesfalls durch Schule und ähnliche Kinkerlitzchen von seiner Arbeit abgehalten werden. Einer Arbeit, die für die folgenden Jahrhunderte bedeutsam sein sollte, die Menschen ins Glück führen konnte, die Seelen in Schwingung und zum Klingen brachte. Die Klänge beinhaltete, deren Existenz der Menschheit bisher verschlossen geblieben war oder die zumindest, weil seit Äonen verschollen, ohne Johann nicht mehr nachvollzogen werden konnten. Es lag auf der Hand, dass Johann der speziellen Sorge bedurfte und wir konnten sie ihm hier in der Abgeschiedenheit des Luberon bestens bieten, wenn es auch besonderer Vorkehrungen bedurfte.

Vor jedem unserer provenzalischen Häuser – es waren ihrer sieben – wuchs ein alter Olivenbaum. Die Häuser waren einst ein befestigtes Dorf oder vielmehr ein Weiler gewesen. Wir hatten alles in harter Arbeit wieder wohnlich gestaltet und dabei nach Möglichkeit das Alte bewahrt. Da wir ausser unseren Dauergästen und ihren Begleitern keine Besucher empfingen, wussten wir nicht, ob die Behausungen auch ein weites Echo hätten auslösen können. Aber ich war mir sicher, dass sie dies getan hätten. Denn tief in mir sass die feste Überzeugung, dass wir den schönsten Flecken bewohnten, den diese Erde uns schenken konnte. Zumal wir es genauso arrangiert hatten, wie es sich für ein Paradies auf Erden und für Johann gebührte: vollkommene Proportionen, die Einfachheit der grossen Kunst, Stein für Stein in absoluter Harmonie, für jedes Haus das Ambiente, das es benötigte.

Das Kinderhaus, in dem über fünfundzwanzig Kinder Platz finden und tollen konnten, leuchtete in den hellen, fröhlichen Farben des Frühlings. In Johanns Räumlichkeiten erreichten wir die Verschmelzung der Materialien zu völligem Wohlklang. Im Produktionsraum des Hauses Nummer fünf dominierten die anregenden roten Farben in siebzehn Variationen … Ja, ich war mir sicher, wir hatten an jede Einzelheit gedacht. Und doch gab es stets Kleinigkeiten zu verbessern, denn die Vollkommenheit wird angestrebt, allerdings nie erreicht …

An diesem Morgen hatte ich für zehn Uhr die engere Familie, natürlich ausser Johann, der wichtigere Aufgaben zu erfüllen hatte, zu einer Versammlung einberufen. Denn wir hatten schon wieder ein Problem zu lösen, das meist alle vierzehn bis vierundzwanzig Monate auftauchte:

»Sebastienne ist in der Produktion am Versiegen und wird wohl bald ausfallen, von Carla und Hannelore ganz zu schweigen, die immer noch nicht wiederhergestellt sind. Eva und Pauline sind erst in einigen Monaten so weit und bei Constantine wird es sich noch eine ganze Zeit hinziehen, falls es damit überhaupt noch klappen sollte! Die Zumietungen gestalten sich als immer schwieriger und ihr wisst«, ich legte nach dieser Auflistung eine Pause ein, um meinen Worten die notwendige Bedeutung zu verleihen, »dass alles zu Ende sein wird, wenn die Produktion zusammenbricht. Wir«, diese Aussage betonte ich nun weniger gewichtig, »sind es der Menschheit schuldig, alles zu unternehmen, dass das nicht geschieht.«

Mit diesen nachdrücklichen Mahnungen hatte ich die volle Aufmerksamkeit auf mein Anliegen gelenkt, was alle mit einem Kopfnicken zustimmend bedachten. Und ich war zufrieden.

»Dann bringen wir also das Zeichen der ›Gîte de France‹ an der Strasse an?«, stellte ich der Gruppe meine Frage.

Wiederum ging ein zustimmendes Nicken durch die siebzehnköpfige Runde.

»Wer dafür ist, hebe die Hand. Ich will die Verantwortung nicht allein übernehmen«, forderte ich alle auf.

Siebzehn Hände streckten sich nach oben, teils schnellten sie entschieden gen Himmel empor, teils hoben sie sich eher zögerlich. Es fiel mir auf, dass es vor allem zierliche, weibliche Hände waren, die entschieden ihre Zustimmung zeigten.

»Jean, heute Nachmittag befestigst du das Schild ganz vorn am Weg bei der Kreuzung zur Strasse. Das hast du ja noch nicht getan – ich führe genau Buch, solltest du wissen. Und ihr anderen bereitet alles vor: das weisse Zimmer, das Gästebuch, die Musik, stimmt eure Instrumente – und dann das Festmahl! Also los, los, wir haben viel Arbeit vor uns! Schon heute Nacht kann es so weit sein. Wir dürfen keine Sekunde verlieren. Die Versammlung ist hiermit beendet!«, verkündete ich und schlug mit dem kleinen Hammer, der vor mir lag, gewichtig auf den Tisch.

DIE WANDERUNG

Nach der Besichtigung des Ortes Ménerbes und einer kräftigenden Pizza – was hätte ich dafür gegeben, echt provenzalisch zu speisen, aber das war entschieden zu teuer für unseren schmalen Geldbeutel – luden wir die Tramperrucksäcke auf den Rücken und marschierten los. Unser Weg führte durch ein Wäldchen, an einem Wasserrinnsal entlang. Der Geruch war wunderbar, es duftete nach Thymian und Jasmin und auch Lavendeldüfte verzauberten die Luft. Die vielfältigen provenzalischen Kräuter streichelten sanft unsere Nasenflügel.

Hand in Hand hüpften wir von Stein zu Stein. Ach, verliebt zu sein, war ein himmlischer Zustand und allein zu sein mit der Angebeteten, deren purer Anblick mich bereits in einen anderen Zustand versetzen konnte, war einfach unbeschreiblich.

»Wo schlafen wir heute Nacht?«, fragte mich Martha und betonte das Wort »schlafen« in einer solchen Art, dass mein Blut sogleich in Wallung geriet.

»Das wird sich finden«, antwortete ich. »Weisst du, in Frankreich und insbesondere in der Provence wimmelt es von ›gîtes ruraux‹, das sind rustikale Zimmer auf Bauernhöfen, die vermietet werden. Dort wird man, wenn man Glück hat, sogar an den ›Soupertisch‹ geladen. Ich kann dir sagen,« – bei diesen Gedanken lief mir das Wasser im Mund zusammen – »die provenzalischen Spezialitäten sind ausgezeichnet: der heisse Ziegenkäse auf geröstetem, knackigem selbst gebackenem Schwarzbrot, das ›Lamm-souris‹ – ›Mäuschen‹ nennen sie das witzigerweise – oder die ›Tapenade‹ , das traditionsreiche ›Aioli-Mahl‹, der Stockfisch mit frischem Gemüse, Kartoffeln und der grünen Knoblauchsauce.« Beim Aufzählen dieser Leckereien spürte ich den Hunger nach südlichen Gerichten in mir hochsteigen. »Oder, oder ... du wirst sehen und es selbst geniessen«, versprach ich Martha und umarmte sie.

Wir legten im Moos des Wäldchens eine Pause ein, die unversehens den gesamten Nachmittag in Anspruch nahm, denn als wir wieder das Auge für unsere Umgebung fanden, dämmerte es bereits und die Strahlen der sanften Abendsonne schimmerten durch den Wald.

»Oh, wir müssen uns um ein Nachtlager kümmern, die Nacht fällt hier in südlichen Gefilden schneller ein als zuhause«, sagte ich mehr zu mir als zu Martha.

Arm in Arm wanderten wir weiter, der Geruch von Martha und der des Wäldchens waren eins geworden – ewig sollte ich diesen Duft in meiner Nase tragen.

Unten im kleinen Tal angekommen führte eine alte Steinbrücke über das Flüsschen unter uns und wir gelangten auf eine Nebenstrasse, von der ein Feldweg nach rechts abzweigte. Es war nicht unser Wanderweg, aber ein Schild mit der Aufschrift »Gîtes de France – Les Sept Oliviers« zierte einen im Boden steckenden rot gefärbten Holzpfahl.

»Meintest du so ein Schild? Es ist ein hübscher Name: die sieben Olivenbäume. Das hört sich an wie bei den sieben Zwergen«, bemerkte Martha.

»Ja, genau«, lachte ich. »Komm, Schneewittchen, lass uns zu den Zwergen gehen«, lud ich Martha ein.

Eng umschlungen wanderten wir den Feldweg weiter, nicht ohne das eigenartige Gefühl zu haben, beobachtet zu werden. Denn mal knackte da ein Zweig, mal raschelten dort Blätter. Die letzten Sonnenstrahlen – ich wunderte mich, woher diese in der Dämmerung noch einfallen konnten – liessen unsere Schatten zu Riesen werden. Der sanft ansteigende Weg schien sich fast endlos den Flusslauf entlang zu schlängeln und weder eine Behausung noch sonstige Zeichen menschlicher Anwesenheit waren zu erkennen. Die Felder lagen verwildert da, die langen Ausläufer des Walds griffen in sie hinein und nur Steinmäuerchen wiesen darauf hin, dass dieses Tal einst bewirtschaftet worden war. Martha schmiegte sich an mich und flüsterte:

»Meine Füsse schmerzen.«

Dennoch hielt sie tapfer mit meinem beschleunigten Schritt mit.

Endlich, endlich wiesen uns ein paar rot gefärbte unbehauene Steine am Wegrand einen eindeutigen Pfad und wir erkannten in der Ferne einen dumpfen Schein, der, als wir näher kamen, heller zu werden schien. Ein Glücksgefühl, beinahe so wie es vermutlich Schiffbrüchige bei ihrer Rettung empfinden mögen, erfüllte uns, als wir uns dem Lichtstrahl näherten. Jetzt erkannten wir schon mehr als ein helles, fernes Leuchten, es schien, als kamen wir einem bewohnten Dorf näher. Martha umarmte mich, drückte mir einen Kuss auf die Lippen und ich nahm ihr den schweren Rucksack für die letzten fünfhundert Meter ab, so weit schätzte ich die Entfernung bis zum ersten Haus.

IN ERWARTUNG

»Schön«, sagte ich zu Jean. »Hast du das Schild auch gut sichtbar befestigt?«

»Ich bin doch kein Dummkopf, bitte!«, empörte sich Jean.

»Dann können wir nur warten. Übrigens, Rachelle, wie geht es Johann?«

»Er arbeitet. Er sagte mir, dass er Hunger habe und sich deshalb die Vollendung des Werks verzögern könne. Er versprach mir, sich zu konzentrieren – hoffentlich gelingt es ihm. Jede nicht schöpferische Stunde ist eine Tragödie für das Universum, jeder nicht niedergeschriebene Ton ein Verlust für die Menschheit!« Rachelle nahm ein Taschentuch zur Hand, um ihre Tränen zu trocknen.

Die Schönheit, die sie einst besass, war ihr noch immer anzusehen. Eine Grande Dame ist sie, dachte ich und strich ihr über das grauschwarze Haar.

»Nun, ich hoffe, dass es bald besser wird. In Zukunft müssen wir mehr vorsorgen und mit Ausfällen rechnen. Aber wer konnte diesen Ausfall schon erahnen? So jung und so gesund und plötzlich versiegt die Quelle. Unverständlich ist das. Vorratshaltung wäre der richtige Schritt, wäre sie doch nicht so vertrackt und schwierig!«, seufzte ich zu Rachelle.

Sie tröstete mich mit liebkosenden Blicken, wie sie es bereits sooft getan hatte.

»Jean, wann hast du den Pflock eingeschlagen? Hat dich auch niemand dabei beobachtet?«, hakte ich nochmals nach.

»Um halb fünf – es hat mich sicher niemand gesehen. Ich bin vorsichtig, auch wenn ich jung bin. Und Pierre hält unten Wache. Er meldet sicher, wenn etwas Unnatürliches vor sich geht«, beruhigte mich Jean.

»Ist gut so. Gut, dass wir so tüchtige Söhne haben«, erklärte ich stolz.

»Was ist das?« Rachelle horchte auf und spitzte die Ohren. »Ah, es ist Pierre, ich erkenne seinen Schritt. Irgendetwas ist wohl vorgefallen, ich höre, wie das Schild gegen die Gräser und Ästchen schlägt«, erörterte sie aufgeregt.

»Ein fantastisches Gehör hast du, Rachelle! Kein Wunder, dass Johann so begabt ist. Was kann wohl vorgefallen sein? Ist es der Bürgermeister, der das unerlaubte Schild beanstandet? Oder hat Pierre ihn kommen sehen? Oder ist es gar ein Glücksfall und das Schild wird für vierzehn Monate in die Tenne verbannt?«, fragte ich.

»Pierre ist unten am Waldrand!«, stellte Rachelle mit erregter Stimme fest. »Er trägt den roten Pflock und das Schild in der Hand und kommt durch die Abkürzung. Ist das ein gutes oder ein schlechtes Omen? Jetzt geht er zum ersten Haus und pflockt das Schild ein. Oh Schatz, das spricht für einen Glücksfall!«, freute sich Rachelle und umarmte mich innig, als wäre sie erst zwanzig Jahre alt.

ANKUNFT

Jetzt war auch der letzte Sonnenstrahl verschwunden, der vorhin die Dämmerung nochmals durchbrochen hatte. Bleiern senkte sich die Dunkelheit über das Tal. Hinten am Waldrand bei einer alten Eiche sah ich das Leuchten wieder, wie ein Heiligenschein schwebte es über den dunklen Zinnen des Walds. Der Mond stieg auf und tauchte Martha, mich und die Umgebung in ein gräuliches Licht, das alle Proportionen verzerrte, sodass darin unsere Arme dünn wie Spinnenbeine im Dunkeln schlenkerten und Marthas Nase eine Krümmung erhielt, die ihr Gesicht in eine venezianische Karnevalsmaske verwandelte.

»Gespenstisch«, flüsterte ich meiner Liebsten ins Ohr.

»Ja«, tuschelte sie zurück, »es fehlt nur noch der entlaufene Schlossgeist, der auch in der Provence Urlaub macht.« Trotz der witzigen Worte fühlte ich das Zittern an ihrem so zierlichen Körper.

»Da!« Ein Schrei löste sich von ihren Lippen. Sie zeigte mit der einen Hand zum ersten Haus des Dorfes, wo sich ein Schatten von der Hauswand trennte und uns entgegenkam. »Der Schlossgeist! Da hast du ihn! Halte mich! Nimm mich in die Arme!«, flehte Martha mit spitzer, angsterfüllter Stimme.

Ich liess unsere Rucksäcke zu Boden fallen, umschlang meine Liebste und versuchte, sie mit sanften Worten zu beruhigen:

»Fürchte dich nicht, es ist ein Mensch mit einer Laterne in der Hand, der uns entgegenkommt, und kein Gespenst! Du hast zu viel Vorstellungskraft, Martha, beruhige dich, Liebes. Schau hin, es ist ein Mann.«

Und tatsächlich stand zwei Minuten später ein hagerer junger Mann vor uns und leuchtete mit seinem Licht in unsere Gesichter.

»Ich bin Jean«, stellte er sich vor. »Suchen Sie ein Nachtlager? Dann sind Sie hier richtig. Willkommen in ›Les Sept Oliviers‹! Wir haben eine Bastide und vermieten Zimmer«, sprach er bedächtig mit südfranzösischem Dialekt. Seine Stimme klang melodisch, als sei er in Gesang ausgebildet worden. »Zweiundzwanzig Euro kostet die Nacht, Frühstück mit selbst gebackenem Brot inbegriffen. Wir leben hier mehr oder weniger seit Jahren autark«, erklärte er.

Das Fremdwort kam hölzern über seine breiten, beinahe wulstigen Lippen, die sich im Laternenschein deutlich abzeichneten.

»Siehst du«, flüsterte ich Martha ins Ohr, »alles ist in bester Ordnung. Bald liegen wir unter der warmen Decke.« Und zu Jean gewandt sagte ich: »Ich weiss, dass es in den ›gîtes‹ meist nur Frühstück gibt, doch nach dem langen Fussweg sind wir sehr hungrig.« Dabei blickte ich ihn flehend an.

»Ach, Ziegenkäse haben wir mehr als genug im Haus, wir reisen damit auch wöchentlich auf den Markt von Apt. Also, daran soll es nicht mangeln«, meinte Jean und ein heiteres Lachen machte sich auf seinem Gesicht breit. »Zweiundzwanzig Euro für unser besonders schönes, weisses Zimmer, ist das okay?«, erkundigte er sich.

Das »okay« klang seltsam fremd und passte gar nicht zu seinem französischen Akzent.

»Ja, das ist gut«, stimmte ich zu, stupste Martha, die sich inzwischen beruhigt hatte, leise an und flüsterte: »Weisses Zimmer, das klingt romantisch.«

»Dann zeige ich euch Küche und Zimmer, derweil bereite ich den Käse vor und wenn ihr euch frisch gemacht habt, könnt ihr zum Essen kommen«, schlug Jean vor, leuchtete bei diesen Worten Martha an und ich bemerkte, wie seine Augen sie mit Wohlgefallen betrachteten.

Von oben nach unten wanderten seine Augen sie ab und blieben auch lange, allzu lange, wie ich fand, an ihren Brüsten haften, obwohl es sich nur um Bruchteile von Sekunden handeln konnte.

›Noch so ein Lustmolch‹, dachte ich. ›In der Abgeschiedenheit aufgeheizt, weidet er seine Augen an ihr.‹ Ich warf ihm einen vernichtenden Blick zu. Gleich wandte Jean sich ab und ging uns voraus, während er unsere beiden Tramperrucksäcke in seinen starken Armen trug.

»Mögt ihr Musik?«, fragte er, ohne sich dabei umzudrehen.

»Ja, sehr«, antworteten wir wie im Chor.

»Dann kommt ihr hier auf eure Rechnung. Das ist mehr als zweiundzwanzig Euro wert«, versicherte er uns in der kühlen Nachtluft.

DAS WEISSE ZIMMER

Jean brachte uns in die kleine Siedlung – sie bestand ausschliesslich aus alten Steingebäuden. Eines war romantischer als das andere. Runde Torbögen, kleine Nischen und massive blaue Fensterläden schmückten die Häuser, schöne Steintreppen führten nach oben. Hinter den Sprossenfenstern schimmerte warmes Licht. Aus einem

Haus drang das Gemurmel von Kinderstimmen, sie bezauberten die Atmosphäre der alten Steinsiedlung mit Frische und Jugend. Wilde Grasbüschel durchbrachen den gepflasterten Weg und trotzten sich ihren Lebensraum ab.

Wir gelangten zu einem kleinen Haus, das eingezwängt zwischen zwei anderen stand. Jean stieg die Steintreppe hoch, sperrte die Tür auf und liess uns eintreten. Voller Achtung vor der Schönheit des Ortes streiften wir unsere Schuhe an der am Eingang platzierten Fussmatte gründlich ab.

»Oh«, entfuhr es Marthas süssen Lippen entzückt.

Wir blickten in ein Zimmer, das ganz in Weiss gehalten war, siebenundfünfzig Arten der Farbe Weiss können es bestimmt gewesen sein – ich hatte zuvor nicht gewusst, dass es davon so zahlreiche Variationen gibt. Das Bett war mit weissen Kissen übersäht, eine weisse Rose in einer wohlgeformten Vase schmückte ein Tischchen. Das Kerzenlicht schien mir weiss anstatt gelb zu glühen – träumte ich? Dasselbe fragte sich offenbar auch Martha. Sie drückte mir fest die Hand.

»Ein wunderbares Zimmer«, hauchte sie in den Raum, »ein Hochzeitszimmer?« Ihre Stimme klang weiss.

»Ja«, antwortete Jean, »früher wurden junge, frisch vermählte Paare hierher gebracht. Das stört euch hoffentlich nicht, es ist alles sauber und ordentlich!«

»Nein, gar nicht«, beeilte ich mich zu sagen, »es ist nur überraschend, all das Weiss.« Bei diesen Worten blickte ich Martha vielsagend an.

Sie bejahte meinen fragenden Blick.

»Dann lass ich euch den Staub von euren Füssen waschen«, bemerkte Jean. »Die Küche befindet sich im Hause nebenan. Ich bereite euch dann das bescheidene Nachtmahl mit dem Ziegenkäse und wohl einer kleinen Eierspeise zu.«

Um Jeans Augen bildeten sich bei dieser Bemerkung zahlreiche Lachfältchen. Er wandte sich um und verliess das Zimmer. Die Rucksäcke hatte er ordentlich auf einen weissen Teppich in die Ecke des Zimmers gelegt, ganz so, als wären sie hier als Gepäck die Regel.

Sogleich lagen wir uns in den Armen, küssten uns und flüsterten uns zu: »Welch ein Glück, was haben wir für ein Glück!«

»Siehst du, was habe ich dir gesagt? In diesem Landstrich geschehen noch Wunder. Komm, lass uns Ziegenkäse essen gehen«, sagte ich zufrieden.

»Ich mache mich noch frisch«, bedeutete mir Martha, nahm ihr Kosmetiktäschchen aus dem Tramperrucksack und entschwand ins – wie konnte es auch anders sein – weisse Badezimmer.

Gekämmt und zum Anbeissen hübsch kam sie einige Minuten später wieder heraus und rief fröhlich: »Jetzt du!« Alle Angst war aus ihrer Stimme gewichen.

Ich verschwand auch noch kurz im Bad, dann begaben wir uns Hand in Hand ins Haus nebenan, öffneten die Holztüre und fanden uns in einem wundervollen alten Küchenraum wieder. Jean hatte den Tisch herrlich gedeckt: Eine entkorkte Flasche Wein stand auf dem unebenen Holztisch, ein Käsebrett mit an die zwanzig verschiedenen Sorten Ziegenkäse, ein angeschnittenes dunkles, backfrisch duftendes Brot und ein grosses Messer lagen noch darauf. In einer Pfanne brutzelten Rühreier, Jean hatte dafür sicher zehn Eier aufgeschlagen.

»Wir werden verwöhnt«, flüsterte ich Martha zu.

Sie nickte glücklich und ihre Augen blickten hungrig auf die Herrlichkeiten in der Küche.

Wir setzten uns an den einfachen Holztisch und begannen zu speisen.

»Wie Gott in Frankreich«, schwärmte ich und Martha stimmte mir mit einem glücklichen Lächeln uneingeschränkt zu. »Wunder bar«, schwärmte ich weiter. »Das einzig Unangenehme ist, dass ich mich irgendwie beobachtet fühle, so als starrten tausend Augen auf mich oder – wenn ich es richtig erwäge – eher auf dich, Martha!«, schränkte ich meine Begeisterung ein.

Martha blickte sich um und meinte:

»Ja, diesen Eindruck habe ich auch. Mir kommt es vor, als durchbohrten mich stechende Blicke.«

»Schmeckt's?«, unterbrach Jean unsere leise ausgetauschten Beobachtungen.

»Ja, vorzüglich!«, konnte ich seine Frage überzeugt bejahen.

»Wundervoll«, lobte auch Martha.

»Stärkt euch nur nach der anstrengenden Wanderung«, sagte Jean, nickte zu diesen Worten und tischte uns Rührei auf, mir die doppelte Portion von Martha. »Anschliessend gibt es noch ein kleines Hauskonzert – ich bin gespannt, wie euch das gefallen wird«, ergänzte

Jean seine Ausführungen und begann, die Küche laut klappernd aufzuräumen.

DAS HAUSKONZERT

»Bitte!«, wies Jean mit einer weit ausholenden Geste in Richtung Ausgang. »Ich gehe voraus, wenn euch das recht ist«, ergänzte er und schritt würdig, als zelebrierte er jede einzelne Bewegung, zur Tür hinaus.

Er wandte sich nach links ins Zentrum des Dorfs, der »Bastide« – so bezeichnete man hier früher eine Gruppierung von Bauernhäusern. Beim dritten Haus rechts drehte er sich um und wies uns, fast etwas geziert, die Treppe hoch:

»Hier hinauf, bitte folgt mir!«

Die Steintreppe mündete in ein ovales Tor, das durch eine massive, verzierte Holztüre verschlossen war. Mit einem am Tor befestigten Eisenring klopfte Jean dreimal und zelebrierte diese Geste galant. Die Türe öffnete sich und wir blickten in einen grossen hohen Raum, der mit so vielen Kerzen beleuchtet war, dass der Luftzug, der durch das Öffnen des Tors entstand, die ganze Szene in ein Schattenspiel verwandelte. Bewegte Schatten von Streichinstrumenten, einer Klarinette und einem Fagott belebten die helle weiss getünchte Wand und nur der Flügel schien ganz unbewegt wie ein Fels in der Brandung zu stehen. Kaum waren wir eingetreten, begannen die etwa acht Musiker – des Dämmerlichts wegen hatte ich Mühe, sie zu zählen – mit ihrem Konzert. Martha und ich, beide eher Anhänger von Rockmusik und metallischen Klängen, liessen uns auf den bereitgestellten tiefen Lehnstühlen nieder. Martha schloss ihre Augen und kaum erfüllten die ersten Töne den Raum, umspielte ein seliges Lächeln ihre Lippen. Fast hatte ich den Eindruck, dass sie in eine Art Trancezustand verfiel. Auch mir wurde ganz anders zumute. Die Musik versetzte mich innerlich in einen Zustand des Schwebens oder gar Fliegens, ein Gefühl, das ich noch nie zuvor empfunden hatte.

»Lass dich einfach gehen«, flüsterte Martha mir zu, »es wird dir nichts geschehen. Koste den Zustand aus, es ist himmlische Musik!«

Ich folgte Marthas Rat und schwebte durch Zeit und Raum. In mir geriet alles in Schwingung und mich übermannte das unbeschreibliche Gefühl, mein Körper werde eins mit dem Universum, mit dem Sein, mit dem Schöpfer. Mit dem letzten Ton des Musikstücks verloren sich die Klänge langsam im Raum und ich kehrte sanft aus meinem Zustand der Verzückung zurück. Neben mir nahm ich Martha wahr, die meine Hand drückte, ihr Kopf ruhte an meiner Schulter. Ich sah Tränenspuren auf ihrem Gesicht und sie sprach aus, was ich fühlte:

»So ein Glück, es ist überirdisch, das zu erleben! Aber du hast ja geweint«, bemerkte sie und wischte mir dezent über die Wangen.

»Geweint?«, staunte ich und erklärte ihr: »Ach Martha, ich war so glücklich, so erfüllt von einem vollkommenen Hochgefühl. Diese Musik, Martha, was war das nur?«

Jean, eine Klarinette in der Hand, näherte sich uns und freute sich:

»Ich bin froh, dass euch die Musik gefällt. Johann ist ein genialer Komponist, wir nennen ihn oft Amadeus. Vor Jahren kamen wir mit ihm hierher in die Provence. Wir waren alle an der Académie de Musique und leben seither von den Erträgen und Einkünften aus unserer Bastide. Johann braucht die Ruhe, die Wärme, die Sonne und die Gerüche des Südens, diese süssen Düfte. Seine Gesundheit ist nicht die beste. Morgen spielen wir sicher wieder. Aber jetzt müsst ihr müde sein. Gute Nacht und ruhet wohl.«

Er deutete mit seiner Klarinette zur Tür. Wir schlüpften hinaus, gingen die wenigen Schritte zu unserem Haus und konnten uns des Eindrucks nicht erwehren, dass uns viele Augenpaare mit durchdringenden Blicken verfolgten. Wir waren wirklich sehr erschöpft von der Reise, der Wanderung und der Musik. Beide kramten wir unsere Nachtutensilien aus den Rucksäcken heraus, wobei sich Martha plötzlich mit einem leisen Schrecken in der Stimme zu mir wandte und bemerkte:

»Du, mein Rucksack wurde durchsucht, meine Haarspange lag unten und nicht oben hier in der Tasche!«

»Ach, du täuschst dich sicherlich! Eine Haarspange, die kannst du doch heute früh woanders in der Tasche verstaut haben«, versuchte ich, sie zu beruhigen.

»Ja, du magst recht haben«, meinte sie und fügte hinzu: »Vergiss bitte nicht die ›Vorsorge für die Nacht‹.« Mit einem hellen Lachen entschwand sie ins Bad.

Ich begann, in meinem Tramperrucksack zu wühlen. »Habe doch

die Dinger eingepackt«, murmelte ich zu mir selbst. »Ich finde sie aber nicht. Ist doch egal, ich bin einfach vorsichtig. Diese ewige Sucherei ist so mühsam.« Ich schlüpfte ins weisse, weiche Linnenbett, um Martha dann liebevoll zu empfangen.

Eine herrliche Nacht erlebten wir! Die Musik klang in unseren Körpern nach und die Schwingungen verlängerten sich zu einem allumfassenden, wunderbaren Gefühl.

»Göttlich, was wir empfinden dürfen, göttlich!«, stellten wir beide glücklich fest, bevor wir in die Welt der Träume entschwanden.

DER MORGEN

»Wir haben wie Steine geschlafen«, gab ich Martha morgens meinen Eindruck wieder. »Es ist bereits elf Uhr, komm, meine süsse Schlafmütze, lass uns aufstehen!« Mit einem zärtlichen Kuss in den Nacken brachte ich Bewegung in ihren Körper.

»Glaubst du, dass wir heute wieder Musik von Johann geniessen dürfen? Es wäre schon wundervoll, wenn wir auch nur eine Aufnahme davon hören könnten«, sagte Martha.

»Sicher«, meinte ich zuversichtlich und blickte ihr mit verliebten Augen nach, als sie ins Bad verschwand.

Wenig später verliessen wir das paradiesische, weisse Zimmer und kehrten damit auch in den Alltag zurück, denn wir waren sehr hungrig und suchten jetzt, Hand in Hand gehend, die Küche auf. Jean erwartete uns schon, stand breitbeinig am Herd und rief uns fröhlich zu:

»Guten Morgen, gut geschlafen? Wie gefällt euch das weisse Zimmer?«

Wir wussten, dass er keine Antwort erwartete, denn die Lachfältchen um seine Augen verrieten, dass er um unser Glück im weissen Zimmer wusste.

»Provenzalisches Bauernfrühstück!«, trompetete er fröhlich in den Raum. »Eier, Schinken und selbst gemachte Marmelade, schmeckt genial!«

Wir setzten uns zu Tisch, schlürften den heissen Kaffee aus den schweren runden, aus Lehm gebrannten Tassen, Martha trank aus einer roten, ich aus einer blauen, und wir assen uns so richtig satt.

Das dunkle, in der Bastide selbst gebackene Brot schmeckte nach Erde und Sonne – der Geruch des frisch gedroschenen Getreides haftete ihm noch an.

»Martha und auch ich möchten heute so gerne noch einmal Johanns Musik hören. Auch eine Aufnahme würde uns genügen. Es war so wundervoll gestern Abend!«, sagte ich zu Jean.

Doch Jeans Gesicht verdüsterte sich und er erklärte: »Es gibt keine Aufnahmen von Johanns Musik. Er will es nicht. Es sind nur von ihm handgeschriebene Partituren vorhanden. Und was eine Wiederholung des Konzerts betrifft, muss ich leider sagen, dass es eine solche hier nicht gibt. Wir spielen immer nur das, was er neu komponiert hat und wir kommen dabei kaum nach mit den Aufführungen!«

Über Jeans Gesicht huschte jetzt ein Lächeln, seine Mimik war so ausdrucksvoll wie der Inhalt eines guten Buchs.

»Selbstverständlich kann Martha erneut seine Musik geniessen. Am besten gleich, in Johanns Zimmer. Er wird ihr viele schöne Klänge vorführen können, Melodien in absoluter Perfektion!«, schlug Jean vor.

Hatte Jean wirklich nur Martha gemeint und nicht uns beide? Um dies zu klären, fragte ich vorsichtig:

»Darf ich Johann auch kennenlernen?«

»Das dürfte schwierig sein«, bedauerte Jean und verneinte die Frage, indem er seinen Kopf langsam von links nach rechts drehte.

»In Johanns Zimmer dürfen nur Frauen gehen. Wir müssen seine Eigenheiten verstehen und respektieren«, erläuterte er, während sich eine tiefe Falte in seinen linken Nasenflügel eingrub. Der rechte blieb davon verschont.

›Nur nicht weiterfragen‹, dachte ich, ›an die Musik von Johann komme ich sicher heran, spätestens nach unserem traumhaften Urlaub. Im Internet werde ich sie wahrscheinlich doch auftreiben können.‹

»Also, Martha«, sprach ich zu ihr und stupste sie zärtlich mit einem Finger in die Wange. »Wenn du Lust hast, gehe nur zu Johann, dem Männerfeind«, erlaubte ich und kicherte dabei. »Aber gehe gleich, wir wollen bald weiterziehen, auch wenn es hier himmlisch ist!«, bedeutete ich ihr und fühlte, wie sich der Wunsch in mir verfestigte, doch möglichst rasch aus der Bastide, den Freundlichkeiten hier und dem weissen Zimmer zu entkommen. Ich sehnte mich nach der freien, unbeschwerten Natur.

Jean rief sogleich »Miriam!« und eine bereits etwas rundliche Frau mittleren Alters, mit zum Chignon gefasstem grauschwarzem Haar, steckte den Kopf in die Küche. »Bring Martha doch rasch zu Johann, er wird sie bestimmt empfangen wollen«, bat Jean.

»Komm mit«, sagte Miriam fröhlich zu Martha und beide entschwanden meinem Blick.

Nach zwei geschlagenen Stunden des Wartens in der Küche wurde ich ungeduldig. Ich wollte doch mit Martha an diesem Tag noch bis nach Oppède le Vieux und das war noch eine gute Strecke. Ich räusperte mich, um Jean zu verstehen zu geben, dass ich genug vom Warten hatte, doch er hantierte in seiner Küche weiter, ohne mich zu beachten. Nach einer weiteren halben Stunde murmelte ich halblaut vor mich hin:

»Wo bleibt Martha nur?«

»Keine Bange«, antwortete Jean, der gute Ohren haben musste. »Audienzen bei Johann können sich in die Länge ziehen, auf alle Fälle für diejenigen, die nicht die Ehre haben«, und ein glucksendes Lachen beschloss seine Worte, zuerst wie ein Komma einen Satzteil und dann wie ein Punkt einen Satz.

Nach einer weiteren Viertelstunde berührte Jean mit seinen feingliedrigen Fingern meine Schulter und meinte:

»Das Hauskonzert gestern dauerte auch an die drei Stunden, für dich jedoch waren es nur Augenblicke! Ja, die Musik von Johann hebt die Zeit auf.« Verträumt schaute er mit seinen blauen Pupillen in die Ferne.

DER ABEND

Um mich zu entspannen und um – das gebe ich ehrlich zu – nicht als Ungeduldiger aufzufallen, unternahm ich einen Fussmarsch in die Wälder der Umgebung. Die Schönheit der Provence erfasste mich bis in die kleinsten Kapillaren meines Körpers. Als ich nach einer Dreiviertelstunde zurück in die Küche kam, sorgte ich mich sehr, da Martha immer noch nicht erschienen war. Ich verlangte energisch, sie zu sehen. Jean tröstete mich und versprach mir, er werde schauen, was er unternehmen könne, obwohl er Johann sehr ungern störe.

Zehn Minuten später erschien Martha völlig aufgelöst:

»Also, mache das nie wieder!«, drohte sie mit vor Wut blitzenden Augen. »Ich habe meine Freiheit und du hast die deine!«

Erneut blickte sie mich wutentbrannt an und zischte:

»Johann braucht mich! Du hast deine Pflicht getan – gestern waren meine fruchtbaren Tage. Und Johann braucht dieses Kind, woher sollte er denn sonst die Muttermilch bekommen, von der er einzig lebt, um sein Werk zu vollenden, dieses Geschenk an die ganze Menschheit, das alle in einen anderen Zustand versetzen wird, in den Zustand des gegenseitigen Verstehens. Ein Werk, das Kriege aufzuheben vermag und unserem Planeten Frieden bringt. Es wird den Menschen ermöglichen, mit dem Universum zu verschmelzen und mit ihm eins zu sein. In neun Monaten werde ich ihm mit diesem Kind dienen können. Also lass mich jetzt in Frieden und verschwinde! Du hast hier nichts mehr zu suchen!«

Wie ein begossener Pudel sass ich in der Küche, unfähig zu begreifen, was da vor sich ging. Noch unter Schock gehorchte ich Martha, holte kommentarlos meinen Tramperrucksack und machte mich davon. Ich dachte, unter dem Schmerz der jähen Trennung zusammenzubrechen. Doch war es offensichtlich mehr mein gelehriger Verstand, der mir ohne mein Dazutun längst vergangene Trennungen vor Augen führte und mich zunächst wie betäubt durch die Landschaft laufen liess. Denn je weiter ich mich von der Bastide entfernte, umso mehr mischte sich in meinen Schmerz, in die wunderbare Erinnerung an Martha und an die traumhafte Nacht mit ihr im weissen Zimmer der Nachklang des zauberhaften Hauskonzerts und die überirdischen Töne dieser Musik ergriffen mich erneut und leuchteten mir in den Farben des Regenbogens.

EPILOG

Ich sitze auf der Bank vor dem Seniorenheim. Auf mein Bitten hin hat mir der Hauswart heute früh brummend und widerstrebend einen Tisch gebracht, nicht ohne zu bemerken, dass alle Tische hier im Haus einen festen Platz besässen und nicht einfach so nach Lust und Laune der Bewohner entwurzelt und an einen anderen Ort gebracht werden könnten. Er mache bei mir heute eine Ausnahme, weil ich mit meinen siebenundneunzig Jahren der älteste der Pensionäre sei und dazu noch sehr gebrechlich.

Für meine Enkelkinder habe ich heute all meine Kraft gesammelt – ich fühle, dass mich Klänge rufen, um wort- und wahrheitsgetreu mein Erlebnis mit der sogenannten vierten Dimension zu Papier zu bringen. Wenn meine Enkelkinder jemals von Johann hören, sollen sie wissen, dass seine Existenz und sein Werk keine Ammenmärchen sind.

STERNENZIMMER

»Wünschen Sie das Sternenzimmer?«, sind die Begrüssungsworte des Empfangschefs in der traumhaft schönen Jugendstilhotelhalle. Ich pflege stets im besten Haus des Orts abzusteigen und geize nie mit meinen Trinkgeldern, was mir den Vorteil der Wiedererkennung einbringt. Diese Frucht kann ich jetzt ernten. Denn ich bin mir bewusst, dass das Sternenzimmer sehr begehrt ist. Bis anhin habe ich, obwohl seit Jahren Stammgast hier, noch nie das Angebot erhalten, in diesem besonderen Zimmer zu nächtigen. Um das Sternenzimmer ranken sich, ähnlich wie der Efeu an der Fassade des Hotels, – besonders gegen Mitternacht in der mahagonigetäfelten Hotelbar – bei den Gästen dieses Hauses, wie ich aus eigener Erfahrung weiss, wahre Geschichtenkaskaden.

Als der Hotelbedienstete mir den Übernachtungspreis diskret auf einen kleinen Zettel schreibt und mir diesen zuschiebt, erschrecke ich zwar, aber heute, drei Tage vor Weihnachten, beschliesse ich, mich selbst zu verwöhnen, in diesem Luxus zu schwelgen und meine unstillbare Gespanntheit auf diesen Raum endlich zu befriedigen. Denn Sie sollen wissen, ich bin ein neugieriger Mensch. Obwohl oder möglicherweise gerade weil ich ein Junggesellendasein lebe. Ich geniesse meine Freiheit und Unabhängigkeit, fühle in mir, trotz meiner siebenundfünfzigeinhalb Lenze, eine unbändige Jugendlichkeit, die mich selbst immer wieder in Erstaunen versetzt.

Oft denke ich, dass das Alter mich vergessen oder überglücklicherweise übergangen hat, was sicherlich meinem dynamischen Lebenswandel zu verdanken ist. »Wer reist, rostet nicht«, besagt ein altes Sprichwort, dessen Regel ich als lebendes Beispiel nur bestätigen kann.

So freue ich mich unbändig, wie es sich gebührt, auf meine Nacht im Sternenzimmer dieses Etablissements! Trage mich in das goldene Sternenzimmerbuch ein. Ein Brauch, der seit den einhundertneunzehn Jahren des Bestehens dieses Hauses lückenlos gepflegt wird. Jeder Tag ist darin vermerkt und einzig während der Kriegszeit, als das Hotel requiriert und deshalb für das Publikum geschlossen war, fehlen Einträge gänzlich, denn des Feindes oberster Befehlshaber – und wer sonst sollte in diesem exklusiven Zimmer übernachten – bevorzugte sein Zelt, das er im Garten aufstellen und scharf bewachen liess.

Die goldene Feder, mit der ich mich eintragen darf, zittert leicht in meiner Hand, doch der Schwung meiner Unterschrift, ein Markenzeichen meines lebhaften Gemüts, bleibt erhalten.

Ein Page nimmt meinen kleinen Reisekoffer in die Hand, geleitet mich zum Fahrstuhl, dreht in ihm einen besonderen Schlüssel, denn das Sternenzimmer befindet sich als einziges im Dachgeschoss, das durch diesen eingebauten Abschlussmechanismus besonders geschützt wird. Erwartungsvoll stehe ich reglos an der Wand des Lifts, höre, wie dieser surrend Höhe gewinnt. Ein altes Ding muss das sein, denke ich, denn wir, der Page und ich, befinden uns bereits einige Minuten in der Kabine und wenn ich es richtig bedenke, könnten auch bereits Stunden vergangen sein.

Stunden?

Die strenge, beinahe in militärischer Habacht-Stellung erstarrte Gestalt des Pagen, der mit fixen Augen die Schiebetür im Auge behält, irritiert mich. Ich werde unruhig, beginne, das Gewicht vom einen auf den anderen Fuss zu verlegen.

Wie viel Zeit mag seit dem Einstieg vergangen sein?

Stehen wir?

Steigen wir?

Ich habe die Orientierung über das Geschehen verloren.

Das leise Schnurren kann auch von der Lüftung statt vom Aufsteigen herrühren.

Wo liegt das Sternenzimmer?

Wirklich im Dachgeschoss?

Langsam ergreift grosse Unruhe Besitz von mir.

Ununruhe folgt als Nächstes, denn eingeschlossen in einer Aufzugkabine, wie will man sich da dagegenstellen?

»Nur die Ruhe bewahren«, ist doch ein geflügelter, gebräuchlicher Ausdruck zur Panikverhinderung.

Wie lange werde ich diese aufrechterhalten können?

Wie lange habe ich meine Muskeln unter Kontrolle?

Irgendwann wird das Kontrollzentrum in meinem Hirn aussteigen.

Nein, nicht aus der Kabine.

Viel schlimmer …

Ein Kurzschluss wird mich zum rasenden Tier verwandeln!

Ich sehe mich in Gedanken bereits an die Holzvertäfelung klopfen, dann schlagen.

Sehe, wie ich mein Taschenmesser zücken werde und mit diesem auf das Holz einsteche, es zu zerbrechen versuche.

Doch ausser dem Schnurren des Aufzugs bleibt alles ruhig.

Auch mein Körper.

An die schlimmste aller Möglichkeiten zu denken, verhindert mein Ausrasten.

Diese Volksweisheit aus der Märchenwelt beruhigt.

Alles unter Kontrolle, denke ich befreit!

Doch wie lange, doppelt mein Hirn gleich nach!

Wie lange wirst du so ruhig stehen?

Wohin geht die Fahrt?

›Ins Sternenzimmer‹, beantworte ich mir sogleich die selbst gestellte Frage.

Diese Ehre lasse ich mir nicht nehmen!

Eine so lange Fahrt ist doch nicht von dieser Welt, dröhnt es in meinem Kopf.

Frag doch den netten Jungen, echot ein Gedanke immer wieder durch Mark und Bein.

Also entschliesse ich mich zum Stillebruch.

»Weshalb geht die Fahrt so langsam vonstatten?«

Die Worte bröseln über meine Lippen.

Der Page steht wie versteinert da.

Hat er nicht verstanden?

Mich absichtlich überhört?

Ich wiederhole deshalb meine Worte.

Sie hören sich selbst in meinem Inneren stumm an.

Und der Aufzug schnurrt sein Lied.

Ist es das Lied der Ewigkeit?

»Weshalb geht die Fahrt so langsam vonstatten?«, brülle ich jetzt aus vollem Hals dem Pagen zu.

Er dreht daraufhin tatsächlich seinen Kopf.

Es ist kein Pagenkopf.

Ein Mummelgreis betrachtet mich …

Wer nach den Sternen greift, muss sich mit Lichtjahren wappnen, denke ich und freue mich auf meine Sternennacht.

URLAUB

Dieses Erlebnis der letzten Nacht, oder ist es die heutige? – ich bin ja seit gestern um einundzwanzig Uhr im Dienst –, muss ich Ihnen erzählen.« Der Nachtportier mit den schwarzen Ringen unter den Augen, Zeichen einer von seiner Krankenkasse wohl nicht anerkannten Berufskrankheit, sah mich mit stechendem, Knochen durchdringendem Blick an. »Obwohl ich Ihnen damit den Frühstückshunger vertreiben könnte, was ich keineswegs beabsichtige, muss ich mich einem menschlichen Wesen anvertrauen können und Sie sehen stabil, vertrauenerweckend und mitfühlend aus.« Da ich an diesem Morgen keine Pläne habe, das reichhaltige Frühstücksbüffet zudem erst in einer halben Stunde seine Kalorienpforten öffnen wird und ich so früh der Einzige in der Hotelhalle bin, beschliesse ich, meiner menschlichen Pflicht nachzukommen und dem guten Mann zuzuhören. Meinen Kopf mit der linken Hand abstützend, den Arm auf der Empfangstheke ruhend, den Körper vornüber gebeugt, um mein Interesse zu bezeugen, bereite ich mich auf eine triviale Geschichte vor, denn was kann in einem solchen Hotel, dessen Eingangstüren nachts verschlossen sind, schon Aufregendes geschehen. Ich will die Zeit der Erzählung nutzen, um gedanklich an meiner, sich im Wachstumsalter befindlichen Novelle zu arbeiten. Diese trat letzte Nacht ins Flegelalter ein, wirft jetzt mit Worten wild umher und es gelingt mir kaum, sie zu bändigen. Mein verständnisvolles, durch die an der Loge eingenommene Körperhaltung geprägtes Aussehen hat mir als Gegengeschenk im Nu Ohrenlider wachsen lassen, die meinem Geist den notwendigen Schutz vor überbordend vorgetragenen Geschichten bieten werden.

»Also, es war gegen null Uhr siebenundzwanzig«, hebt der Portier an. Er hat seine Mütze mit der Beschriftung »PARADIES HOTEL« aufgesetzt, aus welchem Grund auch immer. »Sie müssen wissen, nach Mitternacht fliessen die Minuten nicht, sondern stocken, stolpern, taumeln, wie vergreist, denn sie finden kaum mehr Halt, sodass diese wie dickste Regentropfen nicht zu Boden prasseln, sondern den Weg nach oben in die Wolken und den Himmel suchen. Also ...«

»Also« schien das Lieblingswort des Hotelangestellten zu sein. Deshalb taufe ich ihn, da ich seinen Namen nicht kenne, Monsieur Also. So kann ich mir sein Gesicht in meinem Gedächtnis besser merken – Sie wissen ja, was namenlos ist, verschwindet im Dunst des Entdachten. »Genau pünktlich«, fährt er fort, »auf diese Minute hin, was heisst pünktlich, ich habe den Gast ja nicht erwartet. Ehrlich gesagt hat mich das Erlebnis so aufgewühlt, dass ich ganz durcheinander bin, also, der Herr erschien mit seinem Zimmerschlüssel, es war die Nummer dreizehn, wie könnte es anders sein.« Ein heiseres, von leiser Angst durchtränktes Lachen bewegt seinen hervorstehenden Adamsapfel, als sei dieser von einem fiebrigen Schüttelfrost befallen. »Also, er sah zerzaust aus«, sprudeln die Worte des Nachtportiers wie aus einer Quelle nach einem kräftigen Regenfall. »Zerzaust, als ob er soeben dem Bett entstiegen sei und sich hurtig ein aus den Tiefen des Schranks oder des Koffers ergriffenes Kleidungsstück übergestülpt und rasend schnell sein Zimmer verlassen habe. Hochrot im Gesicht versuchte er, ohne mich eines Blicks zu würdigen – nein, er sah richtiggehend durch mich hindurch, als sei ich ein Gegenstand, nicht einmal ein Augenblick blieb an mir hängen, den ich hätte abwischen können –, die Eingangstüre zu öffnen. Sie war jedoch verschlossen und nur von meinem Pult aus mittels eines Türöffners zu entriegeln. Im Zustand, in dem sich der Herr befand, entschied ich jedoch aus innerer Überzeugung – es war der falsche Weg, aber das erkannte ich erst später –, ihn keinesfalls zur Tür hinauszulassen, sondern ihn zu beruhigen, nach seinen Begehren auszufragen und zu erforschen, ob er einer seltsamen Krankheit anheimgefallen sei. Ich erhob mich also, schob mit dem linken Fuss Lärm erzeugend die Pendeltüre auf, die mein Reich abgrenzt und auf der in grossen schwarzen Lettern ›Privat‹ steht, ging zum Mann hin, legte ihm meine nicht eben kleine Hand auf die schmächtige linke Schulter und sprach einzig das Wort ›Ruhe‹ siebenmal hintereinander aus. Er jedoch sah mir in die Augen, diesmal mit einem Blick, der einem Seelen-Gardinen-Aufziehen ähnlich war. Was ich in seiner Iris sah, war tiefe Lebenspanik, beinahe ein schwarzes Loch, das alles zu verschlingen drohte. Jetzt ergriff mich Angst, ich fing wie nie zuvor in meinem Leben zu zittern an, als sei ich Espenlaub. Meine Zähne schlugen aufeinander, klapperten, als beständen sie aus lauter Kastagnetten. Also, Sie werden sicher verstehen, dass das Angesaugtwerden in ein Nirwana, in das man wie in einem Moor langsam versinkt, keine angenehme Vorstellung sein kann.

›Ich habe mir etwas eingebrockt, ich muss es auslöffeln gehen‹, sagte der Gast heiser zu mir. Es schien, als ob seine Stimmbänder dem Druck der Panik nicht standzuhalten in der Lage gewesen seien. Der Gast aus Zimmer dreizehn hatte, das sah ich erst jetzt, einen grossen Suppenlöffel in der Hand, auf dem der Name ›Paradieshotel‹ eingraviert war. Er musste diesen gestern Nacht – oder heute Nacht, Sie kennen ja mein Dilemma – aus dem Speisesaal unseres Hauses mitgehen haben lassen. Mit dem Mitgeher, den er jetzt gegen die Decke hob, fuchtelte er in der Luft herum, dass diese, als entwiche Dampf aus dem Ventil einer altertümlichen Maschine, heftig zuerst zu jammern und alsdann zu pfeifen begann.

›Ur-Laub wollte ich in Ihrem Etablissement ernten, wie es in Ihrem Prospekt beschrieben ist, doch suchte ich das gesamte Zimmer, das Bad, dieses vermaledeite Haus nach Laub ab, nichts war oder ist zu finden. Ur-Laub.‹ Der Gast machte eine kurze Pause zwischen den beiden Silben. ›Falsche Versprechungen sind das, ich werde mich beschweren, nein, mich rächen. Es kann doch nicht sein, dass ich so beschummelt werde, ich, der diese Kunst so gut beherrscht.‹

Jetzt, ich traute meinen Augen nicht, schritt der Gast einfach durch die Hauswand nach aussen«, berichtet der Nachtportier mit vor Schreck geweiteten Pupillen. »Ich sah ihn zum See hinunterschreiten, würdig, wie mir schien, und doch aufgeregt. Am Ufer des Gewässers angekommen, kniete er sich hin.« Bei diesen Worten richten sich die Haare des Nachtportiers langsam auf – so etwas habe ich noch nie gesehen – und er zittert am ganzen Körper heftig, wie er es vorhin so bildlich beschrieben hat. »Und er begann, mit dem Löffel den See auszulöffeln, immer rascher, immer gieriger, immer schneller, bis nach einer Dreiviertelstunde einzig noch zappelnde Fische im See übrig blieben und der Löffler dann mit Kiemen an den Ohren und heftig gestikulierenden Flossen am Leib von dannen flog.

Wären Sie so lieb«, bat mich der Hotelangestellte, »nachzusehen, ob vor unserem Haus der See wie üblich seine Wellen schlägt? Ich wage es einfach nicht, hinzusehen oder gar hinzugehen, zu gross ist meine Angst. Ich bin Ihnen für diesen mir zu leistenden Dienst von Herzen dankbar. Sie können eine arme Seele damit ruck zuck, husch, husch einem entsetzlichen schwarzen Loch entziehen.« Flehend, wie ein kleines Kind, das nach Süssigkeiten lechzt, betrachtet er mich und ich schreite zur Eingangstüre, um nach dem See zu sehen. Die Türe lässt sich jedoch nicht öffnen. Ein übergrosser Suppenlöffel mit eingravierter, ziselierter Aufschrift »Paradieshotel« versperrt majestätisch die Eingangstür. Draussen in der Hoteleinfahrt liegt für diesen sonnigen Maitag erstaunlich viel welkes Herbstlaub.

AMSELHOTEL

Das Amselpaar war stets bei uns zugegen.
Gern gesehene Gäste sozusagen.

Denn sie begnügten sich mit den kleinsten Resten unserer Mahlzeiten.

Keine Anstrengung war notwendig, um sie zu bewirten.

Kein aufwendiger Marktbesuch.

Kein Bekochen.

Keine Unterhaltung, bei der man stets auf der Hut sein muss, um nichts Falsches auszusprechen, denn wer weiss, wen die geladenen Gäste alles kennen!

Einfach dasitzen und sich erfreuen.

Freuen über den Appetit der beiden jungen Vögel.

Der jungen Amseln, die sich zum Paar gefunden haben.

Fröhlich singen.

Den Morgen jubilierend zu begrüssen wissen.

Der Nacht entgegenträllern.

Bereits beim Frühstück oder doch kurz danach, wenn wir uns vom Tisch zurückgezogen hatten, waren sie zu Gast.

Dann beim Vormittagstee, den wir so gerne zelebrierten.

Beim Mittagsmahl, beim Vieruhrtee, beim Abendbrot.

Einzig beim Mitternachtsschmaus, den ich sehr liebe, fehlten sie.

Waren wohl im Land der Vogelträume, in dem es keine Katzen oder gar Unmengen davon gab.

Sie fehlten uns, die Vögel, zu dieser verschlafenen Stunde.

Fehlten uns so sehr, dass wir diese Mahlzeit abschafften.

Denn ein Leben ohne unsere Amseln, nein, das war kein Leben.

Oder zumindest ein falsches.

Ein unvollendetes.

Nein, ein verfehltes!

Mir fiel auf, wie die beiden Amseln wuchsen, die eine mit dem roten Schnabel und mit glänzendem Schwarzgefieder, die andere leicht gräulich angehaucht und doch schwarz. Von Tag zu Tag zu wachsen schienen, obwohl es sich auch um eine optische Täuschung handeln konnte. Denn wer bemerkt schon Veränderungen von Tag zu Tag? Änderungen, die in der Gewohnheit liegen? Ob der Postbote heute ein weisses Haar mehr hat als gestern, wer bemerkt das schon!

Und doch, irgendwie wuchsen die Vögel.

Wachsen.

»Aber das ist doch normal«, bemerkte meine Frau, als ich sie darauf ansprach. »Die Amseln werden doch älter! Und bei der Futtermenge, die wir ihnen kredenzen, kein Wunder, dass sie grösser werden. Zudem vergiss nicht: Wenn es kälter wird, plustern sich die Vögel auf, sie legen eine Schicht warme Luft zwischen ihre Federn, um weiterhin das wohlig warme Gefühl zu erleben, das du ja auch unter dem Federbett so schätzt.« Lachfältchen gruben sich wie kleine Würmchen in die Augenwinkel meiner nach wie vor so begehrenswerten Partnerin, bewegten sich langsam hin zu ihren süssen Ohren, als suchten sie einen Ausweg aus ihrer Lage.

An der fehlenden Wärme konnte es nicht liegen, denn wir hatten noch satte zwanzig Komma acht Grad Celsius auf unserem Balkon und das abends um neunzehn Uhr dreizehn. Aber ich wollte nicht widersprechen. Ich widersprach schon genug. Ich stellte nur fest, dass die Vögel sich nicht mehr durch die Balkonstäbe zwängen konnten, wenn ein Brotstückchen in der Regenrinne lag.

Erschrocken war ich aber erst einige Wochen später, als ich eines frühen Morgens bemerkte, dass ich die Sprache der Amseln verstand. Das Weibchen beklagte sich beim glänzenden schwarzfiedrigen Männchen über seine Verdauung. »Es geht nichts mehr ab!«, zwitscherte sie mit bösem Unterton. »Kein Wunder, dass ich immer schwerer werde. Bald wirst du mich nicht mehr lieben. Ich weiss es«, krächzte sie jetzt ihrem Partner zu. Verschwunden war der wundervolle Klang ihres Gesangs.

Aber erst als ich vor unserer Katze, der Nera, wie wir sie ihres schwarzen Fells wegen nannten, furchtbare Angstzustände bekam und an mir herunterblickte, sah ich das glänzend schwarze Gefieder, das jetzt meinen Körper bedeckt.

DAS TRAUMBETT

Ich wünsche mir ein Bett, in dem ich herrlich träumen kann.« Die ältere silberhaarige Dame, die diesen Wunsch bei der Anreise äusserte, sah zerbrechlich aus. »Wissen Sie, ich schlafe schlecht. Ja, früher war das alles besser, aber in meinem Alter ist man froh, wenn einem von Zeit zu Zeit ein freundlicher Traum einen Besuch abstattet, denn das Leben birgt nicht mehr allzu viele Schätze, von Überraschungen ganz zu schweigen! Also, junger Mann, besorgen Sie mir ein Bett, in dem ich herrlich träumen kann!«

Ich muss die Dame einigermassen verdutzt angeschaut haben, denn sie bemerkte: »Ist das so ein ausgefallener Wunsch, etwas erleben zu wollen? Kommt das so selten vor?« Ihre Kulleraugen, die vermutlich einst in hellstem Blau erstrahlten und jetzt die Tiefe des Lebensmeeres widerspiegelten, sahen mich bei diesen Worten durchdringend an.

»Junger Mann«, fuhr sie mit ihrer erstaunlich klaren, an eine alte Kirchenglocke erinnernden Stimme fort, »ich will träumen! Das können Sie mir nicht vorenthalten«, um dann fordernd zu betonen: »Träumen ist ein Menschenrecht!« Dabei waren in ihren Pupillen Hunderte von kleinsten Blitzen entstanden, die zwar nicht gezielt auf mich gerichtet waren, von denen aber eine bedrohliche Warnung ausging. Mit der alten Dame war nicht gut Kirschen essen, wenn ich ihr den Wunsch nicht erfüllen würde.

»Ja, gnädige Frau, natürlich haben wir Traumbetten mit Traumdecken, Sie werden begeistert sein. Darf ich mich nach Ihren Traumwünschen erkundigen? Sie verstehen – ich möchte keine Indiskretion begehen, aber Traumwünsche sind doch sehr individuell. Unser Haus«, fügte ich in reinstem Werbedeutsch entschieden hinzu, »pflegt die Wünsche der hier absteigenden Gäste nach deren Präferenzen. Ihr Wunsch ist uns Befehl!«

Wieder folgte ein wahres Pupillengewitter. Die Dame legte ihre hohe Stirn in krause Falten und schwieg.

»Nun, Sie müssen sich mir nicht anvertrauen. Möchten Sie sich lieber meiner Kollegin offenbaren? Es gibt ja geschlechtsspezifische

Geheimnisse, die Frauen einem Mann nicht offenlegen mögen.« Jetzt mischte sich eine Prise Verständnislosigkeit, ja Entsetzen in ihren Blick.

»Junger Mann, wenn jemand die Jahresringe erarbeitet hat, die meine Seele zieren und es beinahe Gewissheit ist, dass die Axt des Beenders irdischen Lebens nicht mehr allzu fern ist, hat man keine Geheimnisse mehr, nicht einmal gegenüber gut gebauten, attraktiven jungen Männern.« Die Lachwinkelchen rund um ihre Augen zuckten leicht, ohne dass sie, ganz Grande Dame, ihre einst sicherlich vollen sinnlichen Lippen im Geringsten zu bewegen, geschweige denn zu verziehen wusste. Ich konnte nicht umhin, mir mein Gegenüber als junge Frau vorzustellen, mit schweren langen schwarzen Haaren und spitzbübischer Nase.

»Soll ich jetzt meine Kollegin rufen?«, fuhr ich fort, um mit diesen Worten meine forschenden, einem Hotelangestellten nicht zustehenden Gedanken wenn nicht in dichten Nebel, so doch in kräftigen Dunst zu hüllen.

»Die Zeit des Errötens ist vorbei, wenn das Erblassen in Sichtweite ist!«, wischte sie mit Eleganz meinen Vorschlag vom dunklen Tisch, der unsere Welten voneinander trennte. Jetzt war es an mir, verlegen den Kopf leicht zu senken und mich zu schämen, hatte ich doch mit meinen Worten Verletzendes von mir gegeben und die Dame mehr als falsch eingeschätzt.

»Sie brauchen sich nicht zu genieren. Nein, wirklich nicht! Sie haben es ja gut mit mir gemeint und aus Ihrer Sicht sind geschlechtsspezifische Fragen, wie Sie sich so hübsch ausgedrückt haben, mehr als logisch. Ich verstehe das. Durchaus. Mein Traum aber ist ein anderer. Oder besser ausgedrückt: mein Traumwunsch. Ich will mein Leben träumen!«

»Ihr Leben?«, antwortete ich im selben Tonfall der Dame. Es kam mir vor, als sei ich ihr eben geborenes Echo, jung, unerfahren und erstaunt über die Laute, die ich von mir gab, mit dem innigen Wunsch, diesen Tönen ins Universum zu folgen, wohin sie sich in ihre Bestandteile auflösend entschwanden.

»Ja, junger Mann, mein Leben. Es zu träumen, wenn ich an den Gabelungen oder Verzweigungen den anderen Weg eingeschlagen hätte. Was wäre dann aus mir geworden? Stünde ich in diesem Fall auch bei Ihnen, um nach einem Traumbett meines Lebens zu verlangen? Wissen Sie, Sie können mir glauben oder nicht, ich hatte viele Gelegenheiten in meinem Leben, mich zu entscheiden. Mich anders zu entscheiden.« Die Augen der Dame begannen, sich zu verschleiern, als ob eine leichte hohe Bewölkung im Anzug sei und sanken in ihre Augenhöhlen ein. Meine Fantasie sah jetzt in ihren Zügen die junge Frau, umschwärmt von artigen jungen Männern: Obwohl sie keinerlei Anstalten machte, sich dem einen oder anderen zuzuneigen, dachten alle, so schien es mir, der Auserwählte zu sein, denn einzig so konnte ich mir den glückseligen Gesichtsausdruck auf den Männerantlitzen erklären. Innerlich erbebend stellte ich fest, selbst einer dieser Verehrer zu sein, mit demselben verklärten Gesichtsausdruck, den bereits Adam beim Anblick von Eva hatte.

Erstaunlicherweise schüttelte sich bei diesem Tagtraum mein Inneres. Ich war überzeugt, das Ziel meines Lebens erreicht zu haben, war erfüllt und lebensfroh, wie ich es bis zu diesem Zeitpunkt noch nie empfunden hatte. Und doch sass ich am Tisch, auf dem ein einsames Telefon stand, das nicht vibrierte, mir gegenüber eine alte Dame, an die neunzig konnte sie schon sein, die ihre unterschiedlichen Leben zu träumen wünschte. Da ich keineswegs bereit war, den Zustand der Glückseligkeit aufzugeben, sann mein ganzer Körper, ja jede Faser meiner Seele nach Verlängerung des Gesprächs mit dem traumsuchenden Gast.

»Nun«, schlug ich vor, »ich habe keinen Traumkatalog, aber wenn ich Ihnen ein Probeliegen in den freien Zimmern – wir haben ja Zwischensaison, es sind nur drei weitere Gäste im Hause – vorschlagen darf, dann können Sie selbst erfühlen, in welchen Betten, unter welchen Decken sich Ihre Lebensträume verwirklichen mögen.« Insgeheim hoffte ich natürlich, möglichst lange in der unmittelbaren Nähe des Geborgenseins zu verweilen, galt es doch, Konkurrenten abzuwehren, selbst solche, die an Weggabelungen ihres Lebens auf der Lauer lagen, um sie mir dort mit Verführungskünsten zu entreissen. Allein lassen konnte ich die Dame nicht mehr, selbst wenn das Dienstreglement des Hotels mir das aus Sicherheitsgründen strikt verbot.

Die alte Dame, mit dem für mich jetzt jungen Gesicht, sah mich an und bemerkte trocken: »Und Sie wollen mich begleiten? Das kann ich nicht zulassen. Zu fest könnte das zu Erlebende Sie erschrecken. Meine Wege verliefen alles andere als gerade, zu viele Steine, ja Felsbrocken lagen auf den scheinbar glatten Serpentinenstrassen. Die Atemluft wurde oft dünn und der Gipfel hatte Siebenmeilenstiefel. Kennen Sie das? Siebenmeilenstiefel, du denkst, den Gipfel gleich zu erreichen, er liegt, nein, er steht majestätisch vor dir und doch, wenn er zum Greifen nah ist, rückt er ab, ein weiteres Tal liegt dazwischen. Ich hätte mir jeweils vor Verzweiflung die Haare raufen können, bis ich erkannte, dass der Weg und nicht das Ziel das Wesentliche ist. Doch das zu erkennen, diese Weisheit zu erlangen, bedurfte mancher letztendlich nutzvoller nutzloser Jahre, wenn Sie meinen Gedanken folgen können, junger Mann.«

Ich verstand nicht. Sie spricht »Sternensprache«, dachte ich. Was soll das, »nutzvolle nutzlose Jahre« und trotzdem hing ich an Ihren durch meine Vorstellungsbrille gesehenen vollen roten Lippen. »Kommen Sie, wir sehen uns die Zimmer an«, versuchte ich erneut, ihren Traumwünschen gerecht zu werden.

»Ich will als Erstes das Zimmer hundertfünfundvierzig ansehen!«

»Zimmer hundertfünfundvierzig in der Dépendence?«

»Ich weiss nicht, wo es liegt, es ist lange her.«

»Lange her?« Wieder hing ich an ihren Lippen, meine Augen-Blicke verbissen sich in diese für mich einmalige Pracht. Und wenn die Zunge sich bewegte … mit einer solchen Eleganz, in wildem musikalischem Rhythmus! ›Ein Lied, ein Lied‹, jubelte mein Inneres beim Betrachten und das Herz erklomm eine Kadenz, die meine Brust beinahe zum Zerspringen brachte.

»Ja, sehr lange! Meine Eltern, dem Gang der Dinge nach längst verstorben, stiegen immer hier ab. In diesem Hotel! Es war damals einfach ›chic‹ und mein Vater legte Wert auf Prestige, wie er sich stets voller Stolz äusserte. Ohne dieses Attribut sei Erfolg ein leeres Wort, ja, bewege sich in einem Vakuum und könne aus einer solch unseligen Blase nie entkommen. So verbrachten wir die Sommerfrische hier im Haus, ich stets in Zimmer hundertfünfundvierzig. Hier träumte ich meine Mädchen-Prinzen-Träume, bis dieser eines Tages erschien. Nicht mit Gefolge, nicht mit väterlicherseits erwünschtem Prestige, nein: Er stand an der Rezeption. Trug eine schmucke rote Uniform. Ein rundes Käppi zierte sein krauses schwarzes Haar. Als ich mit Vater aus dem Aufzug trat, wusste ich: *Das* ist mein Prinz und kein anderer. Er ist es. Ich muss nicht mehr bis ans Ende der Welt, zu den Sternen wandern, um ihn zu finden. Er ist hier.

Und jetzt. Ich blieb wie angewurzelt stehen … oh Himmel, weshalb erzähl ich Ihnen das? Ich langweile Sie gar wohl!« Ihre Augen suchten jetzt die meinen und umhüllten meine Iris mit ihrer Wärme, einer Ausstrahlung, wie ich sie noch nie in meinem Leben vorher je erfahren durfte.

»Sie langweilen mich nicht, gnädige Frau. Keineswegs! Ich zeige Ihnen das Zimmer hundertfünfundvierzig. Bitte folgen Sie mir.« Und langsam, gemessenen Schrittes, den Aufzug mit Knopfdruck zähmend, ging ich wegweisend voraus.

»Er hiess Caspahr. Mit C geschrieben und einem H nach dem A, das erfuhr ich jedoch erst später. Caspahr, so rief ihn der Concierge. Seine Aufgabe bestand darin, den Gästen Koffer abzunehmen. Kleine Besorgungen zu erledigen.«

Beim Wort »Caspahr« durchfuhr mich ein kalter Schauer. Er stieg langsam vom Steissbein bis zur linken Schulter und griff dann nach meinem Herz. Auch ich höre auf diesen doch eher seltenen Namen. Mit C und einem H nach dem A.

DIE IDEN DES MÄRZ

Er kam spät abends, es war bereits gegen dreiundzwanzig Uhr dreissig, in unserem Hause an.

Als Besitzer dieses Traditionshotels war ich in jener Nacht noch mit den Lohnabrechnungen beschäftigt, sodass mich der Nachtportier telefonisch um Hilfe bat, denn der neue Gast war tatsächlich seltsam, ja, ich bezeichne ihn heute, nach den Erlebnissen mit ihm, als mehr als absonderlich.

Der Mann hatte keine Reservation vorgenommen.

Er kam einfach so.

Verlangte nach einem Zimmer.

Nicht einmal nach den Übernachtungskosten fragte er.

Ihm war ausschliesslich die Aussicht aus seinem Zimmer wichtig, er wollte ein Schneefeld vor sich haben und wir waren scheinbar die einzige Herberge im Ort, die das zu bieten hatte.

Nach einem grossen jungfräulichen Schneefeld verlangte er, obwohl er morgen Früh bereits um fünf Uhr wieder abzureisen gedachte. Schneefelder seien sein Traum. Träumen wolle er aber keineswegs, sondern tief schlafen. Tief schlafen im Angesicht des Schneefelds, auf dem er seine Spuren hinterlassen wolle. Seine jungfräulichen Spuren. Auf die er alsdann zurückblicken könne. Wie auf seine Lebensspuren, die doch so rasch verwehen könnten. Verwehen im Sturm des Lebens. Nein, fügte er hinzu, im Sturm des Planeten. Der Erde, auf der wir unser Dasein fristeten.

Ich erinnere mich sehr genau an beinahe jedes Wort, da der Gast in so besonderen Satzstellungen sprach. Beinahe auf Stelzen kamen seine Worte daher. Oder zumindest auf Stöckelschuhen. Auf Bleistiftabsätzen. Sie verstehen sicher, was ich ausdrücken möchte. Es war schlicht kein gewöhnlicher Mensch.

Ich stand in der Portierloge, konsultierte mit meinem Mitarbeiter das Belegungsbuch, dachte an das Zimmer im Altbau, das zwar nicht den letzten Komfort aufwies, aber ein altertümliches Badezimmer mit Zinkwanne besass und daher vornehmlich von Nostalgikern unter unseren Stammgästen und von Hochzeitsreisenden gebucht wurde. Von ihm aus war ein wundervoller Ausblick auf den Steilhang des Hausberges unseres Kurorts zu ergattern, der dem Ort seinen Namen gibt. Das Schneefeld war jedoch viel zu steil, um von Menschenfuss begangen zu werden, einzig ein klobiger Mast der Luftseilbahn ragte in ihm, als sei es ein eingepflanzter Fremdkörper, wie eine Karotte im Gesicht eines von Kindern erbauten Schneemanns. Ich entschied mich, dem Herrn eben dieses Zimmer mit kleinem Salon anzubieten. Da ich sichergehen wollte, dass er die nostalgische Einrichtung nicht als unzumutbar empfände, schlug ich ihm vor, dieses einzige Zimmer mit Blick auf das jungfräuliche Schneefeld trotz der fortgeschrittenen Zeit gemeinsam zu besichtigen. Er winkte ab und selbst als ich ihm den nicht unbescheidenen Hochsaisonpreis nannte, obwohl wir bereits den 15. März schrieben, bemerkte er kurz und trocken, beinahe trotzig schien mir seine Stimme: »Buchen Sie mich ein.« Er bestand darauf, das Zimmer gleich zu bezahlen, bemerkte, dass er einen grossen Schlafmangel habe, der schwerer wiege als ein voller Überseekoffer. Er wünsche, in dieser für ihn kurzen Nacht unter keinen Umständen gestört zu werden und, wie gesagt, werde er das Haus am nächsten Morgen spätestens um fünf Uhr früh verlassen. Möglicherweise auch früher, weshalb es besser sei, um niemanden zu inkonvenieren, die Rechnung sofort zu begleichen. Er werde auch keineswegs von irgendeiner Dienstleistung unseres Hauses, so perfekt diese auch sei – sei es Zimmerservice, Minibar oder was sonst noch im Angebot stünde – Gebrauch machen. Schlafen wolle er. Traumlos schlafen. Angesichts des jungfräulichen Schneefelds. Und erneut gab er seinen Spurenwunsch zum Besten. Spuren legen in einem jungfräulichen Schneefeld. Spuren seines Lebens.

Nun ja, wir sind absonderlichen Wünschen gegenüber stets offen und Ruhebedürftige sind bei uns gut aufgehoben. Lange genug habe ich in einer nie zur Ruhe kommenden Metropole gelebt und gearbeitet, um dies zu verstehen. So bat ich den neuen Gast, sich einzutragen und das Formular auszufüllen, was er mit krakeliger Schrift auch tat. Als ich mich nach seinem Gepäck erkundigte, erklärte er mir, dass dieses leider am Flughafen nicht angekommen sei. Fehlgeleitet. Wohl verstohlen gestohlen. Oder sonst unglücklich umgespurt. Ob ich in sein Schicksal mit einer Zahnbürste helfend eingreifen könne, fragte er. Was ich sogleich bei meinem Mitarbeiter in Auftrag gab. Der Mann – ich vermutete, hinter seiner Stirn war mehr als ein Geheimnis verborgen – begann, mich zu fesseln. So beschloss ich, ihn selbst in sein Zimmer zu begleiten, erhoffte mir, noch mehr über ihn zu erfahren. Ich wurde jedoch enttäuscht. Stumm folgte er mir und bereits in seinem Zimmer stehend wünschte er mir umständlich ausgedrückt eine angenehme Nachtruhe. Warten Sie, ich versuche, die Worte zu wiederholen, obwohl ich keine Garantie für den Originalton übernehmen kann, zu absonderlich war die gewählte Syntax. Der Herr sagte:

»Die schneereiche Reverberation des jungfräulichen, unberührten Schnees öffne Ihnen Wege zu einer Nachtruhe angefüllt mit Träumen, die Sie erleuchten sollen!«

Nun ja, ich schlief in jener Nacht wirklich nicht schlecht, sogar tief, so tief, dass mich der Wecker um Punkt sieben Uhr unsanft aus dem Schlaf, nein, aus dem Traum riss. Einen seltsamen Traum hatte ich durchlebt. Sonst erinnere ich mich nicht an Träume, die ich als reine Schäume betrachte. Ohne Bedeutung. Ohne Einfluss auf unser Leben. Eher als Ventil unseres Bewusstseins, durch das wir Druck ablassen können.

In meinem damaligen Traum war mir der besagte Schneefeldgast erschienen. Er hat mir die Hand gedrückt. Sich verabschiedet. Eingemummt in das flauschige Federbett, mit dem jedes unserer Zimmer ausgestattet ist. Er sprach zu mir in jener unvergesslichen Bleistiftabsatzsprache, die sich in mein Gedächtnis eingebrannt hat: »Vor Jahren träumte mir«, wisperte er lauthals – ja im Traum kann Wispern überlaut erscheinen, »der Tag meines Übergehens in einen anderen Aggregatzustand«, fuhr er fort. »Mein von unserem blauen Planeten erfolgendes Verabschieden geschähe ähnlich wie bei Cäsar an den Iden des März, jedoch weitaus genauer, exakter, zeitspezifischer. Dies prophezeite mir ein bunter Traumfischreiher, der nach mir zu schnappen wusste, ich war in diesem Weissagungstraum.« Bei diesen Worten zog er das Federbett enger um seine Schultern. »Ich war ein winziges Elritzchen in einem Schwarm von Millionen lebenshungrigen, eben aufgeblühten Fischeiern, denn der Reiher, der krächzend meiner Muttersprache mächtig war, sagte schlicht zwei Worte: ›Sechzehnter März.‹ Und fügte nach einer langen Besinnungspause ›jungfräuliches Schneefeld‹ sozusagen als Seitenwagen seines rasenden Wortgespanns hinzu. Und so zieht es mich immer an meinen Iden des März zum Schnee. Zum jungfräulichen Schnee. Denn wer weiss, wann meine Stunde vom Kirchturm des Himmels schlagen wird. Und wenn sie schlägt, muss ich in der Nähe sein, oder nicht?« Damit drehte sich der Gast in meinem Traum auf seiner Ferse um. Er trug keine Schuhe an den Füssen, war unter dem Federbett nackt und verschwand durch den Notausgang des Altbaus stapfend in den nächtlichen, eiskalten Schnee. Ich sah ihm noch lange träumend nach, überlegte, ihm zu folgen, beschloss aber nach inneren Kämpfen mit meinem Gewissen, dem doch sehr absonderlichen Gast seinen Willen zu lassen. Das Federbett in seiner rot karierten Hülle leuchtete vom Vollmond beschienen noch lange in die kalte Nacht, als sei es eine wegweisende Laterne zur Ewigkeit.

Das interne Telefon, das mich mit der Rezeption verbindet, klingelte – ich sass noch auf dem Bettrand –, es riss mich aus meiner morgendlichen Traumbetrachtung. Der Portier meldete, dass im Altbau im Hochzeitszimmer – so nannten wir den gestern kurz vor Mitternacht vermieteten Raum – die Zimmertür und das Fenster trotz der Kälte weit offen stünden und das Federbett fehle, wie die Gouvernante zu vermelden habe. Ich beruhigte meinen Mitarbeiter, erzählte ihm vom nächtlichen Gast, der bereits morgens um fünf Uhr aufzubrechen wünschte. Das Federbett sei sicher später auffindbar. Daraufhin sah ich zum Fenster meines Schlafzimmers hinaus, das zum Steilhang hinter dem Haus blickt, bemerkte darin eine Spur, die steil aufwärts, beinahe zum Himmel führte …

Das Federbett wurde im heissen August in einem schmelzenden Lawinenkegel gefunden und mir von einem Jäger überbracht, da in ihm der Name unseres Hauses eingewoben ist. Ich bewahre es sorgfältig in meinem Büro auf, denn wer weiss, vielleicht wird das Federbett vom damaligen Gast, um ihn warm zu halten, noch abgeholt oder es wird mir eines Tages selber dienen. Wer kann denn schon ermessen, was alles in Zukunft geschehen mag?

HOTEL K.L.E.A.N.

Ich war auf einer Geschäftsreise und wurde durch eine verspätete Lieferung unseres Unternehmens, einer Firma der Biotechnologie, bei einem unserer Kunden aufgehalten. So musste ich eine Übernachtungsmöglichkeit finden, wobei alle von meinem Geschäftspartner empfohlenen Hotels einer Messe wegen vollständig ausgebucht waren. Das Tourismusbüro war bereits geschlossen, sodass mir nichts anderes übrig blieb, als mit meinem Rollkoffer Nachtlager suchend durch die Stadt zu schlendern. Aus Erfahrung wusste ich, dass sogenannte »Noshowups« immer Lücken in den Zimmerbelegungen öffneten. So hielt ich mich an meine Grundregel »Gib niemals auf« und klapperte jedes gastliche Haus ab, an dem ich vorüberkam. Doch wollte es der Zufall, dass mir an diesem Tag nichts zufallen sollte: An die dreissig Rezeptionisten hatte ich bereits befragt und überall eine negative Antwort einkassiert. Ich entschloss mich deshalb – es war schon beinahe elf Uhr nachts –, in einer Eckkneipe ein kühles Bier zu mir zu nehmen und bei dieser Gelegenheit durch Befragung der Gäste dem Schicksal auf die Sprünge zu helfen. Bald war ich in Stammtischgespräche verwickelt, schimpfte wie ein Rohrspatz über Preise, Politiker, die Löhne, den Fussballtrainer und die unpünktliche Müllabfuhr. Geschickt versuchte ich – nicht umsonst bin ich Verkäufer –, das Gespräch auf Schlafgelegenheiten und die Bettennot in der Stadt zu lenken. Tatsächlich wurde daraufhin über das Beherbergungsgewerbe geschimpft, über die unverschämten, ja überrissenen Nächtigungspreise, über den aufstrebenden Trend der Boutique Hotels, die so unnötig und unnütz seien wie ein Sektglas für den Biergenuss. Die Belegung solcher Themenhotels sei zudem miserabel, kein vernünftiger Mann lasse sich doch das Geld mit solchem Firlefanz aus der Tasche ziehen. Ja, in der Seitenstrasse habe doch erst kürzlich so ein Gestörter ein Hotel erbaut und erst vor zwei Tagen eröffnet, ein sauberes, haha! Er wolle mit diesem ein neues Geschäftsmodell austesten, es sei eine Kreuzung zwischen einem Kurhaus und einem Hotel. Der Fantast biete Minikuren an, denn schliesslich sei Zeit Geld, so seine Begründung, und wer wolle sich schon noch wochenlang in eine klassische Gesundheitsmühle begeben! So ein Narr, meinte die Stammtischrunde, so ein Narr, jeder gehe doch liebend gern einmal für Wochen fort aus dem Alltagstrott, lasse sich auf Kassenrechnung verwöhnen und umsorgen und das verbotene Bier erhalte man trotz allem, da sei eben Schlau- und Gerissenheit gefragt! Ein herzliches Gelächter, das darauf folgte, gab mir die Gelegenheit, mich aus der bierseligen Runde auszuklinken und mit meinem Rollkoffer die Seitenstrasse zu erreichen, denn dort winkte meinen bereits schlaffen Füssen die Wohltat der horizontalen Lage. Und tatsächlich, da leuchtete dieses dezente, einladende rosafarbene Schild: Hotel K.l.e.a.n. Ich werde dieses nie vergessen, das können Sie mir wirklich glauben! Innerlich war ich zwar darauf vorbereitet, eine weitere Enttäuschung zu erleben, ein weiteres »Tut uns schrecklich leid, we are absolutely sorry. Belegt! Besetzt! Ausgebucht! Voll! Kein Bett frei! Kommen Sie in drei Tagen wieder, bitte sehr!« und was es der Absagefloskeln noch mehr gab zu vernehmen. Beinahe unergründlich scheint die Brunnenquelle zu sein, die Absageformeln bewässert und ihr öliges Getriebe schmiert. Doch weit gefehlt! Ich wurde herzlich begrüsst, das Hotel schien tatsächlich erst kürzlich eröffnet worden zu sein, denn alles glänzte neu und strahlte frisch! Über der Theke stand in Grossbuchstaben »Concierge« und die Dame dahinter hatte eine hübsche Pagenuniform an, die sie sehr anziehend wirken liess. Auf meine Frage nach einem Zimmer bot sie mir das Eröffnungsschnäppchen an: »Wissen Sie, wir haben erst gerade unser Eröffnungsfest hinter uns gebracht« – sie sah deswegen keineswegs geschafft aus, im Gegenteil, putzmunter blickte sie mich mit ihren stahlblauen Augen an –, »bauen jetzt die Stammklientel auf und da können Sie zwei Kategorien kostenlos springen! Also, Sie buchen Standard und erhalten Deluxe oder Sie buchen Deluxe und erhalten unsere Eignersuite mit allem Schnick und Schnack, der dazugehört!« Ich entschied mich selbstverständlich für die Suite, lag diese doch in meinem Spesenbereich noch locker unter dem von der Geschäftsleitung vorgegebenen Limit. Und ich bereute es keineswegs. Edle Mahagonihölzer gaben dem Interieur ein fabelhaftes Ambiente. Drei Räume standen mir zur Verfügung, zwei grosse Badezimmer und eine private Sauna eingeschlossen. So einen Krösusluxus hatte ich noch nie erlebt. Die Pagin brachte mein Gepäck hoch, öffnete die Fenster und die Türen, die auf eine begrünte Dachterrasse führten, auf der Blumen in allen Regenbogenfarben ihr Gesicht in Befruchtungshoffnung, selbst nachts, den Bienen entgegenstreckten.

»Eine Spezialität unseres Hotels ist die Schlafgesundheitspflege«, richtete sie das Wort in einer melodischen Stimme an mich.

»Haben Sie bereits davon gehört oder unsere Anzeige lesen können?« Mit einem halben Fragezeichen an jedem Mundwinkel und einem solchen, das auf ihrer Stirn schlief, sah die junge Frau mir tief in die Augen. Beinahe schien mir, sie pule dabei in meiner Seele, die nicht einzig aus himmlischen Wolken bestand.

»Nein«, antwortete ich. »Keine Ahnung.«

»Nun, gegen einen kleinen Aufpreis von zehn Prozent des Schnäppchenpreises kann ich Ihnen diese Pflege wärmstens empfehlen.« Ich konnte nur nicken, denn zumindest in meinen Ohren betrug der Pagin Stimme achtunddreissig Komma sechs Grad.

»Fein«, sagte sie jetzt so kühl und ohne Begeisterung, dass in mir der Verdacht hochkam, sie hätte das Tiefkühlaggregat in ihrer Kehle angeworfen.

»Wenn Sie sich zur Ruhe legen, bitte ich Sie, diesen kleinen Klemmer an Ihr Ohrläppchen zu knipsen. Mehr nicht. Wenn möglich an Ihr rechtes!« Und schon war sie verschwunden, einzig ein Hauch ihrer mich so erregenden Stimme hatte sich in meinem Gehörgang festgesetzt und wanderte daraufhin – auf welchem Wege wusste ich bei Leibe nicht – zu meiner Nase, sodass ich heftig niesen musste. Doch leider verlor sich dadurch dieser Hauch und ich blieb mutterseelenallein und ohne Trost in meiner Luxusbehausung zurück. Nein, das ist übertrieben, ich trage gerne etwas dick auf, das ist eine Berufskrankheit, denn der Anblick des kuscheligen Bettes war mehr als ein Trost, es war Verheissung für meinen erschöpften Körper. Und eine Minigesundheitskur, die mir als Versprechen auf dem Servierteller präsentiert wurde, war auch nicht von schlechten Eltern! So rasch, husch, husch, das Wohlbefinden zu verbessern, war nicht zu verschmähen. Also legte ich mich hin. Blätterte noch in der illustrierten Zeitschrift, die auf dem Nachttisch lag. Überflog einen Artikel über Milliardäre, die ihre Hunde mittels Gewebeproben und Leihmutterschaft reproduzieren liessen, lächelte in mich hinein: Sorgen hat die Menschheit, dachte ich, schlief dann aber trotz meiner sonst üblichen Einschlafstörungen im Handumdrehen traumlos ein, selbstverständlich nicht ohne mir zuvor den Ohrclip am rechten

Läppchen befestigt zu haben. Erquickt und so frisch, wie ich mich bereits seit Langem nicht mehr gefühlt hatte, wachte ich auf, um wohlgemut im Gästebuch mein grosses Lob über das neue Hotel zum Ausdruck zu bringen. Zudem versprach ich dem diensthabenden Concierge einen entsprechenden positiven Eintrag bei meinem Reisebüro, immerhin eines der grössten des Landes, und bei meinen zukünftigen Reisen in diese Stadt einzig noch das Hotel K.l.e.a.n. zu buchen. Denn das Erlebnis sei wirklich clean und fantastisch gewesen. Noch nie hätte ich mich in so kurzer Zeit so gut erholt! Ich würde mich wie nach einem fünftägigen Erholungsurlaub fühlen, obwohl ich nur eine Nacht im gastlichen Haus verbringen durfte. Leider könne ich aus geschäftlichen Gründen keine Verlängerung ins Auge fassen, was auch tatsächlich der Wahrheit entsprach.

Das Schicksal wollte es, dass ich beinahe zwanzig Jahre lang keine Verhandlungen mehr in dieser doch eher kleinen Stadt zu führen hatte. Ich bewegte mich jetzt im Dunst der grossen Metropolen und Industriestandorte und kaum mehr in der Provinz. Doch eine juristische Auseinandersetzung, in der das Schiedsgericht in eben diesem Ort zusammengerufen wurde und in dem ich als Experte und Fachmann Rede und Antwort stehen musste, führte mich nach Jahren erneut ins Hotel K.l.e.a.n. Alte Erinnerungen wurden wach. Jetzt war ich bereits ein gesetzter Mann mit beinahe weissen Haaren. Ich beschloss, auf den Sohlen meiner jugendlichen Jahre zu wandeln und in diesem Haus zu nächtigen, vor allem als die Aussicht bestand, dass des hohen Geldeinsatzes der Causa wegen ein mehrtägiger Aufenthalt möglich war. Ich liess deshalb von meiner Assistentin in besagtem Hotel (selbstverständlich nach Rückversicherung, dass die Minikuren immer noch angeboten wurden) die Eignersuite reservieren und hoffte, über die Kurnächte wieder zur Spannkraft von vor zwanzig Jahren zurückzufinden.

Ja, so sitze ich jetzt im Dienstwagen, den unser Karl, ein erfahrener und äusserst diskreter Fahrer, sicher durch den Verkehr zu lenken weiss. Meine Schiedsgerichtspartner wohnen alle im ersten Haus am Platz, einem Palace Hotel. Um nicht den Eindruck zu erwecken, dass ich in Finanznöten stecke, bediente ich mich einer Notlüge: Einer meiner entfernt verwandten Neffen würde als Direktor im Hotel K.l.e.a.n. einen Karriereschritt absolvieren, habe mir die

Eignersuite angeboten und ich hätte ihn als wohlwollender Onkel nicht enttäuschen können. Meine Partner hatten zu dieser Erklärung verständnisvoll genickt und einzig bedauert, dass ich dann nicht an den nächtlichen Pokerpartien teilnehmen könne, die ein Teil des Rituals eines jeden Schiedsgerichts sind, denn als Ausgleich braucht der Mensch ja auch eine Portion Risiko und Nervenkitzel im Leben.

In der Stadt angekommen lasse ich mich am Bahnhof absetzen, nehme wie damals meinen Rollkoffer in die Hand – er hat jetzt vier statt wie damals zwei Räder –, kehre in derselben Eckkneipe ein, um mich an einem Stehtisch wieder in ein Gespräch über Gott und die Welt einzulassen. Als der Kneipeninhaber sich zu uns gesellt und ich ihm davon berichte, wie ich damals verzweifelt bei ihm einkehrte, um ein Nachtlager zu finden, lacht er kurz auf und bedeutet mir, sich an den Vorfall zu erinnern. Seine kurze Bemerkung »Sie sind auch ziemlich grau geworden« beweist mir, dass er über ein fotografisches Gedächtnis verfügt und es ihm mit den vergänglichen Jahren gleich ergeht wie mir. Die Zeit hat sich für uns beide wie Äther in der Luft verflüchtigt, ist für uns verpufft, als sei sie eine kleine Welle im unendlichen Lebensmeer. Wir wechseln noch einige humorige Sätze, bevor ich beschwingt – die drei Pils würzen noch jetzt meinen Gaumen – in die Seitenstrasse abbiege und sogleich das dezente rosafarbene Schild mit der Aufschrift »Hotel K.l.e.a.n.« leuchten sehe. Zwischenzeitlich ist die Nacht auf lauten Sohlen eingekehrt, leise Sohlen, die sind selbst in einer Provinzstadt völlig unbekannt. Die Fassade hat Korkenfarbe angenommen, vom leuchtenden Neubaustrahlen ist kaum ein Schein mehr vorhanden. Doch die Rezeption hat keinerlei Veränderung erfahren. Einzig erstaunt mich, dass nicht ein Nachtportier hinter der Theke steht, sondern deren vier. Auffallend dabei ist, dass sich diese in Grösse und Aussehen ähnlich sehen, ich komme gar auf den Gedanken, dass es sich um eineiige Vierlinge handeln muss. Alle vier strahlen mich an, begrüssen mich wie einstudiert mit einem lang gezogenen »Hallo«, wobei kurz darauf nur derjenige zur Rechten weiter fortfährt:

»Sie müssen der Gast der Eignersuite sein.«

Der Nächste, der zweite von rechts, fragt:

»Gut gereist?«

Der Dritte wirft ein:

»Spät geworden?«

Der Letzte bringt alles auf den Punkt:

»Ihre Kreditkarte, bitte!«

Es muss sich zweifelsfrei um eineiige Vierlinge handeln. Die Stimmen sind absolut identisch. Ohne die Männer vor mir zu sehen, hätte ich sicherlich geschworen, nur eine einzige Person vor mir zu haben.

»Willkommen! Sie waren bereits einmal Gast in unserem Haus?«, bemerkt Nummer eins. Der Einfachheit halber gebe ich ihnen Nummern, obwohl auf ihren Ansteckbroschen die Vornamen verzeichnet sind. Doch was nützt es, mir diese zu merken, wenn ich die Herren jetzt und in Zukunft nicht unterscheiden kann. Nummer vier nimmt den Faden auf:

»In unserem Datafile sind Sie jedenfalls vermerkt! Zwei Tage nach der feierlichen Eröffnung! Ein Stammgast sozusagen, obwohl Sie seither nicht mehr bei uns abgestiegen sind. Zumindest nicht unter diesem Namen!«

Ein breites Lachen überzieht simultan die Gesichter der vier Männer, bei allen bilden sich niedliche Lachgrübchen seitlich der vollen Lippen, die so ansteckend wirken, dass ich mich nicht am Ernst der Nacht halten kann und ebenfalls ein sonniges Lächeln zeige. Lachgrübchen? Hatte nicht meine erste Freundin an den meinen einen Narren gefressen und diese immer wieder mit spitzem Mund liebkost? Ja, wenn das Alter einen langsam einholt, werden die Erinnerungen an die Jugend wach, als stehe der Sonnenaufgang des Erwachsenseins vor der Lebenstür. Ich bejahe die gestellte Frage und füge bei:

»Nie mehr seit dieser Zeit war ich in eurer Stadt«, was Nummer zwei – oder war es die vier? – zum Einwurf bewegt:

»Da haben Sie aber viel verpasst.«

Ich wusste, bevor er sprach, dass diese Antwort kommen würde, fühle mich wie in einem Film, den ich zum siebten Male sehe und bei dem ich bereits jedes Wort auswendig kann.

Meine Gedanken haben bereits ihre Schlafflügel umgeschnallt, sodass ich keine passende Antwort finde. Vielmehr schweifen meine Gedanken ins Kaufmännische ab und werfen die Frage auf, wie die Erfolgsrechnung eines Hotels aufgehen kann, das vier Nachtportiers beschäftigt. Als daraufhin drei Gepäckboys in schmucken Uniformen erscheinen, um sich meines Rollkoffers zu bemächtigen und diese wiederum so ähnlich aussehen wie die Nummern eins bis vier, vermute ich mich bereits im Land der Träume. Ich kneife mich deshalb gut sichtbar in die linke Backe, doch der Kniff hilft nicht: Nichts verändert sich und ich muss die Nummerierung weiterführen, eins bis sieben stehen nach wie vor in voller Grösse lächelnd vor mir. Eineiige Siebenlinge sind doch höchstens im Land der Fantasie real oder aber in einem miesen Roman, meldet sich mein Verstand zu Wort. Was mich aber in meinem Innersten aufwühlt, ist das Gefühl der Verbundenheit zu den sieben Männern, die plötzlich in mir aufsteigt und meine rechte Hand dazu bewegt, jeden der Männer kurz zu berühren. Am liebsten würde ich sie in meine Arme schliessen! Und das erstaunt mich am meisten: Die Herren sind ob dieser Geste keineswegs erstaunt, im Gegenteil, sie scheinen hoch erfreut!

›Donnerwetter‹, sagt mein Hirn zu mir, ›halte dich zurück, du bist doch nicht verliebt und aus Männern hast du dir in deinem ganzen Leben noch nie etwas gemacht.‹ Als mich die drei Gepäckträger in die mir bestbekannte Eignersuite begleiten, empfinde ich ein mulmiges Gefühl im linken grossen Zeh, das im Tempo einer Nacktschnecke zuerst die Schenkel emporklimmt, um dann über meine Wirbelsäule meinen kahlen Nacken zu erreichen und sich dort wie zum Schlaf gemütlich niederzulassen.

»Eine Spezialität unseres Hotels ist die Schlafgesundheitspflege«, richtet Nummer eins der Kofferträger oder Nummer fünf in meiner Hilfszahlenreihe das Wort in einer melodischen Stimme an mich.

»Haben Sie bereits davon gehört oder unsere Anzeige lesen können?« Mit je einem halben Fragezeichen an jedem Mundwinkel und einem solchen, das auf seiner Stirn schläft, sieht der junge Mann mir tief in die Augen. Beinahe scheint mir, er pule dabei in meiner Seele, die nicht einzig aus himmlischen Wolken besteht.

»Ja«, antworte ich. »Ich weiss.«

»Nun, gegen einen kleinen Aufpreis von zehn Prozent des Schnäppchenpreises kann ich Ihnen diese Pflege wärmstens empfehlen.« Zumindest in meinen Ohren beträgt die Stimme von Nummer sechs achtunddreissig Komma sechs Grad, sodass ich nur Nicken kann.

»Fein«, sagt er jetzt so kühl und ohne Begeisterung, dass in mir der Verdacht hochkommt, er habe das Tiefkühlaggregat in seiner Kehle angeworfen.

»Wenn Sie sich zur Ruhe legen, bitte ich Sie, diesen kleinen Klemmer an Ihr Ohrläppchen zu legen. Mehr nicht. Wenn möglich an Ihr rechtes!« Und schon sind die Kofferträger verschwunden, ohne dass ich wenigstens dem einen von ihnen sein wohlverdientes Trinkgeld geben kann.

Ich sehe mich um. Erkenne jedes Möbelstück. Nichts hat sich verändert seit meinem letzten Besuch. Es scheint, als sei die Zeit nicht verronnen oder im Sanduhrglas allen Gravitationsgesetzen zum Trotz in rasender Geschwindigkeit nach oben geströmt. Nach oben dem Himmel zu, denke ich, als ich auf dem Kopfkissen den Klemmer für das Ohrläppchen und ein Betthupferl in Goldpapier verpackt auf einem urkundeähnlichen Zettel entdecke:

»Wir wünschen unserem Stammvater angenehme Nachtruhe und freuen uns auf neue Brüder. Die Direktion des Hotels K.l.o.n.!«

TRAUM

Der Gast, er mag so an die siebzig Lenze zählen, sein Haupt ziert graues, beinahe weisses krauses Haar, sitzt beim Frühstück. Er schnippt mit den Fingern seiner rechten Hand hoch in die Luft, eine Geste, die ich meist übersehe, verletzt diese doch die Ehre unseres Berufsstands. Ich bin stolz auf meine Kellnertätigkeit und verteidige diese stets, denn ein gekonnter Service bedeutet die Vollendung der Gastfreundschaft. Nun, bei diesem Herrn mache ich eine Ausnahme, denn er sieht weltverloren aus, hat schwarze Ringe unter seinen Augen und seine gesamte Körperhaltung ist ein einziger Hilfeschrei. Ich eile also zu ihm, denke mir, dass er einen starken Kaffee benötigt. Doch weit gefehlt. Kaum bei ihm angekommen – seine Wangen sind von heftig pulsierenden rotblauen Äderchen durchzogen –, bittet er mich, an seinem Tisch Platz zu nehmen. Ich erkläre ihm, dass dies für einen Kellner im Dienst nicht möglich sei. Er solle mir seinen Wunsch gleich übermitteln, ich würde ihm diesen gerne erfüllen! Er aber springt, seinen Orangensaft dabei verschüttend, auf und spricht lauthals, sodass alle Frühstückenden ihre neugierigen Blicke auf uns richten: »In was für einer Absteige bin ich gelandet? Wunsch, ha. Wunsch, ich will doch einzig ein mitfühlendes menschliches Wesen an meinem Tisch wissen, dem ich meinen Traum erzählen kann! Und da kommt dieser schwarz befrackte Clown«, ja er bezeichnete mich Ober mit dreiundzwanzigjähriger Berufserfahrung als lustigen August, als Spassmacher, als Zirkuspopler, »und will mir Wünsche erfüllen! Was denn für Wünsche? Körperliche. Und ich lechze nach seelischen. Wem kann ich denn nach durchträumter Nacht meine Erlebnisse erzählen? Dem Stockfisch auf meinem Teller etwa? Oder der Semmel mit den blinden Mohnaugen? Vielleicht eher derjenigen mit Sesamohren ... Was für eine Absteige!« Und dabei blickt der aufgebrachte Gast Augenblitze um sich streuend in die Runde.

Ich bin ganz verstört, denn die Devise unseres Hauses heisst »Zufriedene Gäste über alles«, wobei mir das »über alles« immer sauer aufstösst. Doch was kann ich gegen ein allmächtiges Management schon ausrichten? Beinahe so hilflos wie beim Kampf gegen diesen unsinnigen Slogan bin ich jetzt bei denjenigen mit dem aufgebrachten Gast. Ich stehe also wie ein begossener Pudel da, drehe meinen Kopf, fange alle Gäste- und Kollegenblicke ein, sehe den Chef de Rang mit seiner schwarzen Fliege auf mich zukommen. Er hat sein berüchtigtes schwarzes Notizblöckchen gezückt, in das er alle Rügen sorgfältig einträgt, feuchtet den Bleistift mit einem gekonnten Zungendreher an und ist mit entschuldigendem Blick beim empörten Gast. Er weist auf mich und fragt, als sei er ein Erzengel, nach der von mir begangenen Sünde. Es wird still im Speisesaal, wie in einem Dom ohne Gläubige. Ich hebe und senke meine beiden doch recht athletischen, durchtrainierten Schultern als Beweis meiner Unschuld. Fahre mit dem Zeigefinger diskret, wie es unser Beruf, nein unsere Berufung verlangt, zur Schläfe. Doch mein Vorgesetzter beachtet mich nicht. Verneigt sich gar leicht vor dem Gast … Wirklich ›unter allem‹ denke ich mir dabei, ohne es laut auszusprechen, bin ich doch im Dienst. Doch wie weit soll sich ein Bediensteter unterjochen lassen? Wie sehr sich vor einem Gast erniedrigen lassen? Auch wenn dieser nicht ganz bei Sinnen ist. Ich finde, es gibt Grenzen, die mein Vorgesetzter aber nicht zu erkennen scheint.

Einen Traum erzählen. Paaahh, da kann jeder kommen. Der Chef kommt mit dem Gast jedenfalls auch nicht zurecht.

Der Mann gestikuliert.

Wilde Bewegungen und bedrohliche Töne gibt er von sich.

Seine Stimme im Stakkato.

Geschieht der schwarzen Fliege recht.

Notieren, notieren, verpetzen: Das ist doch kein Führungsstil.

Der Gast schreit jetzt richtig.

Wuttränen fallen klirrend aus seinen Augen zu Boden.

Können Tränen klirren?

Und jetzt, ich glaube es nicht, greift er in seinen Mund, zieht mit voller Kraft seine Stimmbänder heraus, nimmt einen kleinen bastbezogenen Bogen aus seiner Jackentasche und beginnt – nein das ist nicht möglich – auf den Stimmbändern zu musizieren.

Zuerst stimmt er die Bänder: kratzende Töne. Dann aber vernehme ich himmlische Klänge.

Wo bin ich nur?

Ein Mensch, der auf seinen Stimmbändern wohltemperierte Klänge ertönen lässt …

Träume ich?

Kräftig zwicke ich mir in die eigene Wange, nachdem ich diese zuvor aufgeblasen habe.

Muss ein Albtraum sein, in dem ich mich befinde, denn jetzt beginnt die schwarze Fliege meines Chefs zu flattern, hebt ihn samt Notizblock und gezücktem Bleistift vom Boden ab. Er dreht nun Runden im Speisesaal, im Takt der Musik, die der Gast auf seinen Stimmbändern erzeugt.

Trotz Zwicken wache ich nicht auf.

Und der Kerl wollte mir doch seinen Traum erzählen. Hat er mich jetzt in seinen Traumstrudel gerissen? Lässt er mich darin ertrinken? Geniesst er seine Macht?

Donnerwetter, ich muss in die Wirklichkeit zurück!

Doch was ist Wirklichkeit?

Bin ich Kellner in diesem Hotel oder nicht?

Strudle ich in der Realität?

Bin ich gestolpert?

Letztens erst las ich in einer wissenschaftlichen Zeitschrift, die ein Gast liegen liess, dass es Paralleluniversen gebe. Parallelwelten, in denen wir nur in anderer Form dasselbe Leben leben würden wie in der unseren, ohne von der jeweils anderen zu wissen.

Aber ich weiss von meiner wahren Identität.

Fehlanzeige also.

Ich setze mich jetzt auf den freien Stuhl beim Gast, denn wenn Regeln ausser Kraft sind, dann alle, befinde ich.

Auf sein Verlangen hin reiche ich dem Gast das Olivenöl, mit dem er nun seine Stimmbänder einölt, um gleich daraufhin weiterzuspielen.

Himmlisch jetzt. So klangvoll, als vereine er Harfe, Violine und Cello in einem Instrument.

Bin ich etwa gestorben?

In einer anderen Welt?

Im Jenseits?

Ja, das muss es sein!

Denn welche andere Ursache kann dieser Strudelsog sonst haben?

Der Boss schwirrt jetzt, als sei er ein aufgeregter, hungriger Schmetterling, mit seiner Propellerfliege um den Musizierenden, steht auf dessen Stimmbandsaite und – klongchhhh, mit einem hässlichen Ton bricht das Hochseil, das er wohl stabiler schätzte, als es war. Die Folge: ein fürchterlicher Absturz aus hundertsechsundfünfzig Zentimetern Höhe – ich habe vergessen zu erwähnen, dass der verdrehte Gast von sehr kleinem Wuchs ist. Am Boden angekommen greift der Chef de Rang an seine Fliege, die sich zwischenzeitlich beruhigt hat und nun wieder als reines Statussymbol unserer Kellnerhierarchie stramm sitzt und keck in die Luft hinausblickt. Er netzt mit seiner Zunge den Bleistift an, befragt den Gast, der empört mit eingefahrenen Stimmbändern auf mich zeigt und keck behauptet, ich hätte Traumverweigerung begangen, was üble Folgen für mich haben müsse. Na ja, unrecht hat er nicht, wenn ich an den Strudel denke, in den ich vor Augenblicken gezogen wurde. Ich hoffe inständig, nicht mehr in diese Abgründe hinabzusteigen, nicke dem Gast freundlich zu, stammle eine Entschuldigung in meiner Muttersprache, hoffe, dass der nun beruhigte Gast diese verstehen möge.

»Nun«, sagt er versöhnlich zu mir: »Träume sind Schäume! Bringen Sie mir einen kleinen Schwarzen, aber extrastark, mit einem Schäumchen selbstverständlich!«

Ich gehe meinen Kellnerpflichten nach, immerhin war das erschreckende Erlebnis eine Bereicherung meines Daseins. Denn nicht wahr, das Schäumchen auf dem Kaffee vergeht, ein Traumschaum aber hält sich zäh bis in die ferne Ewigkeit.

@.@

Ein Hotel zu buchen, ist heute keine Kunst. Mit wenigen Mausklicks ist die Herberge für die Nacht bestellt, gesichert, bezahlt und beim Eintreffen im Hotel wird der Gast als alter Freund begrüsst, obwohl er noch mit keinem Mitarbeiter gesprochen hat. Ja, so wunderbar ist die neue Welt! Doch was ich vor wenigen Tagen erlebte, war alles andere als paradiesisch. Höllisch kommt der Sache näher. Obwohl auch die Hölle nicht so einseitig und abwegig sein kann. Es sei denn, der Teufel ist ein Computerfreak, was ich der zu unterhaltenden Höllenfeuer wegen nicht annehme. Wäre es so, sässe dieser nämlich an einem Laptop als Steuerpult und wäre süchtig nach dem neusten Feuergame. Ich denke jedoch eher, dass ein Teufel Regen in seine Feuer plätschern lässt, um falsche Hoffnungen auf Erlösung zu erwecken und mit Regenbogenschwänzen spielt, sodass die Verdammten an diesen hochzuklettern suchen und – platsch – bei deren Auflösung in Wolkenschatten in ihr altes Elend fallen.

Was ich jedoch durchzumachen hatte, war ganz anderer Natur. Ich hatte für meine Reise Ende Juli – wichtige Geschäfte verlangten der abartigen Hitze zum Trotz meine Anwesenheit in D. – ein Hotelzimmer im Internet gebucht. Die Bestätigung hatte ich per Mail erhalten. Die siebenstellige Reservierungsnummer sah vertrauenswürdig aus, die zwei Dreier in der Mitte der Zahl schienen mir gar zuzulächeln, versprachen einen dreifach dreisten Schlaf. Und so fuhr ich an einem Montag getrost nach D., ging meinen Geschäften nach, erzielte den ersehnten Erfolg, sah vor meinem inneren Auge, wie das Geld in meinen Taschen klimperte, als seien alle Kirchenglocken des Landes an meinen Hosenbeinen in trautem Versammlungshauptgeläute vereint. Weil ich mir selbst eine wohlverdiente Freude bereiten wollte, beschloss ich, meinen Jungendsehnsüchten nachzugehen und begab mich auf den Messeplatz, auf dem sich in diesen heissen Tagen die Schausteller landesweit zum Sommerfest versammelt hatten. War das ein Kreischen und Johlen, eine Geruchssymphonie von gebrannten Mandeln und Zuckerwatte, von Eis am Stiel und Schwarzpulver, das aus der Dicken Bertha quoll, wenn der Kanonenkugelmann wieder einmal durch die Luft geschossen wurde und vor aller Augen unverletzt der runden Zielscheibe entstieg! Der Wind wehte mir diese Geruchswellen entgegen, die mich meinen Jugendträumen zuführten und obwohl allein, spürte ich die warme Hand der Mutter und den beschützenden Blick des Vaters über mir. In der Innenfläche meiner Hand fühlte ich das kalte Fieber, das von der mir geschenkten Münze ausging, die mir als Messebatzen vom Vater in die Hand gedrückt Kälteschauer über den viel zu kleinen Rücken jagte. Denn wie sollte ich das Geld ausgeben? Welche Wahl war zu treffen? Ich konnte mich einfach nicht entscheiden. Die Blicke meiner Augen kullerten von Stand zu Stand, von Attraktion zu Attraktion und überall wollte ich zur gleichen Zeit sein, nichts auslassen. Keine Enttäuschung erleben. Doch wenn ich mir die Preise besah, erkannte ich rasch, dass schlicht nicht alles möglich war. Dass ich eine Wahl zu treffen hatte, die ich dann nie traf, denn wenn wir den Heimweg antraten, brannte der Münze Eiseskälte nicht nur in meiner hohlen Hand, nein, auch in meiner ganzen Seele! Wieder hatte ich mich hin- und hergerissen um jede Freude gebracht.

Das fühlte ich an jenem Abend, als ich mich belohnen wollte, erneut. Durchlitt all die Kindheitsvorfreuden und die darauf folgenden Leiden. Jede Münze, die ich zur Hand nahm, brannte wie Feuer oder Trockeneis, doch schwor ich mir beim Gang durch die, wie mir schien, noch zahlreicheren Versuchungen, diesmal nicht klein beizugeben. Schliesslich waren über dreiunddreissig Jahre seit dem letzten Mal an Vaters Hand vergangen und ich konnte der Herausforderung nun offen in die Augen blicken, ohne vor Entscheidungsangst zu Salzsäule zu erstarren. Ich trat deshalb in ein grell beleuchtetes Budenhaus ein, auf dem in gleissender Neonschrift »Geisterbahn« geschrieben stand. An der Kasse legte ich meinen silbernen Obolus hin und war mächtig stolz, meine Entscheidungsschwäche so einfach überwunden zu haben. Die Münze brannte nicht mehr in meiner Hand. Endlich war ich sie losgeworden. Ich setzte mich in eine dieser Bahnkarren, der Sessel drehte sich, eine Haltestange sperrte mich in das Gefährt, ich war dem Willen des Konstrukteurs, Inszenierers oder Regisseurs ohne eigenen Willen ausgeliefert. Der Wagen startete ruckelnd und bereits nach dem Einfahren in den abgedunkelten Abschnitt wurde ich von Zimtblitzen umzuckt. Sie rochen süss und schmeckten köstlich, doch auf ihrer Rückseite waren sie dornenbesäht und ich musste mich winden, um nicht von ihnen zerfleischt zu werden. Und schon hielt der Wagen abrupt an, drehte sich in Windeseile, eine rosarote Wolke kam langsam auf mich zu, umhüllte mich samtig weich. Doch in ihr sassen alle meine Gedanken, die ich je im Leben einmal gedacht hatte. Es war furchterregend, was da geschah. Wie ein wild gewordener Moskitoschwarm griffen sie mich an. Gellten, riefen nach ihrem Recht. Warfen mir vor, sie nicht beachtet, nicht auf sie gehört zu haben. Alle Gedanken meines mittellangen Lebens … An die zwei Milliarden mussten es gewesen sein. Zählen konnte ich diese keineswegs. Einzig ihren Radau vernahm ich. Eine Gedankenkakofonie, neben der ein Stimmengewirr eines proppenvollen Fussballstadions ein Geflüster darstellte.

Könnten Sie sich all ihren je gedachten und ungedachten Gedanken stellen? Letztere erschienen bei mir in der Geisterbahn mit einem heftigen Luftzug aus Südwest. Meine zukünftigen Gedanken, die noch ungedachten, begannen, mit den gedachten zu ringen, forderten ihren Platz, wollten ihr Recht, während die gedachten nicht bereit waren, sich in die Verdrängung weisen zu lassen. So entstand im kleinen Raum, in dem ich mich in meinem Fahrzeug verklemmt befand, ein heftiger Ringkampf meiner Vergangenheit mit der Zukunft meiner selbst. Das Ungedachte, das Zukünftige, obwohl noch nicht erdacht oder gar entstanden, wollte mich übernehmen, bestand darauf, meine Zukunft, wie diese auch ausfallen möge, zu bestimmen, während die Vergangenheit, die gedachten Gedanken, die den Raum so zahlreich bevölkerten, der Zukunft zuriefen, dass sie schwächer sei, weil noch nicht existierend und deshalb die Zukunft nicht zu bewältigen vermöge. Ich sass also in der Geisterbahn ganz tief in der Klemme, denn wie soll Gegenwart, zerrissen zwischen Vergangenheit und Zukunft, lebbar sein? Als dann mit einem Ruck die Fahrt wieder aufgenommen wurde und mich der Wind zu umstreichen begann, war ich froh, mir selbst oder dem, was ich war und was ich in Zukunft sein sollte, zu entrinnen. Doch hatte ich die Rechnung ohne an die Zähigkeit meiner Gedanken zu denken gemacht, denn ich hörte hinter mir ein Raunen und ein Schnauben, war überzeugt, dass die Verfolger mir auf den Fersen waren, jeder mich vereinnahmen wollte, prägen, in Besitz nehmen, sodass ich in einer Gewaltanstrengung den Bügel, der mich im Gefährt festhielt, nach vorne schob, mich des Wagens entledigte und mit einem

Sprung auf den Schienen landete. Doch an meinen Füssen waren Hunderte von Rädern gewachsen, die sich jetzt in rasender Fahrt auf den Schienen drehten. Seinem Schicksal entgeht man nicht, war ein mächtiger Gedanke, der einem waghalsigen Sprung von hinten meiner habhaft wurde und meine Gehirnzellen flutete. Ich erreichte daraufhin schweissüberströmt den nächsten kleinen Raum, in dem in hellstem Schein Kristallkugeln flimmerten, mich in den Augen brannten. Ich vernahm eine resolute, laute Stimme: »Sie haben bei uns gebucht. Willkommen im virtuellen Hotel, legen Sie sich mit ihren Gedanken schlafen, ruhen Sie wohl.« Seither sind nun schon Tage, ja, Wochen vergangen. Ich habe gelernt, mich von Gedanken zu ernähren. Welchen Geschmack steuern Sie dazu bei? Denn ich bin hungrig!

Hungrig auf Ihre Gedanken!

BLACKBOXHOUSE

Die schwarze Anschrift des mit schwarzer Fassade prangenden Hochhauses fasziniert mich. Ich bin zum ersten Mal in dieser Stadt. Darf am Weltkongress der Zauberkünstler meinen Vortrag »Illusion und Wirklichkeit – ist Wirklichkeit Illusion?« halten. In ihm befasse ich mich mit Wahrnehmung. Bereits dieses Wort hat es ja in sich. »Wahrnehmung«. Was ist wahr? Und was nehmen wir Menschen uns als Wahrheit? Ist Wahrheit wahr? Oder nehmen wir für wahr, was unsere Sinne uns schaukelnd vorgaukeln? Oder fatamorganieren. Letzteres ist realer. Also wahrer. Der Wahrnehmung näher.

Entschuldigen Sie, dass ich unter Ihren werten lesenden Augen an meinem Vortrag weiterfeile.

Es ist keineswegs böse gemeint. Doch meine Zuhörer, die Weltelite der Prestigitatoren, haben ein Anrecht auf Qualität. Wie Sie ja auch. Also zurück zur schwarzen Fassade. Der Fassade, vor der ich stehe. Der Fassade, an der das schwarze beleuchtete Schild mit der Aufschrift »Blackboxhouse« leise strahlt. Ich denke, der Grund des stillen, beinahe stummen Leuchtens ist der bereits angebrochene sonnige Tag, denn wer sucht ein gastliches Hotel im Alltag, im normiert arbeitenden Tagesablauf auf? Wohl nur Zeitverschrobene, zu denen ich mich keineswegs zählen will. Und doch. Dieses düstere Hochhaus mit schwarzer Anschrift spricht die dunkle Seite meiner Seele an. Gibt ihr Heimgefühle. Heimatdusel. Wie lautet die Nationalhymne dieses von Menschenhand in den blauen Himmel hochgezogenen Gebäudes?

Einerlei. Alles Illusion. Wahrnehmung. Ihre Wahrnehmung. Sie setzen die Buchstaben in Bilder um!

Nicht ich.

Das Negativ entwickeln Sie zum Positiv.

Mit Verlaub, wie viele Pixel werden dabei von der Augenlinse umgesetzt?

In der Dunkelheit der Fassade am Tageslicht?

Das Blackboxhouse zieht mich an.

Erdanziehung. Gravitation. Schwarzanziehung. Ich kleide mich zukünftig nur noch in Weiss. Blütenweiss. Denn Blüten sind selten weiss. Und ich blühe.

Im Dunkeln.

Folgen Sie mir.

Wir treten ein.

Betreten den Bildschirm.

Es wird schwa…

DER STAR

So richtig erstaunt war ich schon, als ich vor wenigen Minuten nach einem langen, anstrengenden und nicht von Erfolg gekrönten Ende-Februar-Arbeitstag zurück in mein Hotel kam. Mein Arbeitgeber legt Wert darauf, dass ich in einem der besten Häuser der jeweiligen Stadt absteige, denn wie der Direktor bei Schulungen immer wieder mit bald einschmeichelnder, bald donnernder Stimme, stets mit den gleichen Worten gebetsmühlenartig betont: »Auf das Auftreten kommt es an, einzig auf das Auftreten! Mäuse fängt man mit Käse, Kunden mit dem Auftritt.« Dass dieses »Auftreten« dann bei der Spesenabrechnung Halt machte, musste ich zuerst lernen. Bei meinem ersten Abstieg in einer der Nobelherbergen glaubte ich noch an einen Zufall, als mir der Concierge mit einem mitleidigen, ja abschätzigen Lächeln auf den Stockzähnen meinen Schlüssel übergab und mehr zwischen seinen Lippen zischelte als sprach, als sei er eine Schlange: »Zwölfte Etage, Dachstock.« Das »ck« tönte beinahe wie ein Schuss aus einer Pistole. Ich nahm mein Köfferchen und liess mich vom vornehmen Aufzug, bedient von einem uniformierten Pagen, hinauffahren, wobei der junge Bediener – er war sicher nicht über sechzehn Jahre alt – im zehnten Geschoss rasend schnell ausrief: »Oberstes Stockwerk, bitte alles aussteigen! Zum Dachgeschoss hinten die zweite Treppe rechts!« Ich befolgte seinen kaum verständlichen Rat, stieg die besagte steile Treppe hoch und landete in einem düsteren Korridor mit spärlichem Dachlukenlichteinfall. Entlang seiner Enge befand sich eine rohe Holztür nach der anderen, die im Abstand von kaum einem Meter fünfzig einander folgten. Dieser Gang hatte nun nichts, ja, rein gar nichts mit einem Grand Hotel zu tun. Es sah eher nach verflossener Patina einer Jugendherberge aus und als ich mein Zimmer aufschloss und darin einzig ein Metallbett mit einem übergrossen Federbett und auf einem wackeligen Tischchen eine Waschschüssel erblickte, war mir klar, dass dieses Zimmer günstig zu mieten sei. Den Bedürfnissen meines Arbeitgebers hinsichtlich des Auftretens nach aussen würde es durchaus Genüge tun.

Bei meinen weiteren Gastspielen in fremden Städten – durchschnittlich an die fünf Nächte pro Woche – lernte ich dann rasch, dass der sich wiederholende Zimmerzustand durchaus gewollt war. Mir gab er die Möglichkeit der Nutzung des Foyers für meine Verkaufsgespräche, wenn diese nicht im Hause meiner Kunden abgehalten wurden – ich arbeite im Finanzsektor und berate private wohlhabende ältere Menschen. Meinen Brotgeber schützt er vor exzessiven Rechnungen.

Richtig erstaunt bin ich bei meiner Rückkehr zu meiner Schlafstätte, weil der ganze Eingangsbereich des Gran Duc – so heisst das Haus, in dem ich diese Woche logiere – mit grossen roten Kordeln abgesperrt ist und wie ich erst jetzt bemerke, wimmelt es auch von Sicherheitsleuten mit eingehängten, zuweilen rauschenden oder piepsenden Ohrbügeln.

Für wen wird hier »grosser Bahnhof« gespielt? Kommt ein Regierungschef? Der amerikanische Präsident oder gar der Boss der intergalaktischen Union? Es fehlen nur noch die grünen Männchen, dann ist das Bild perfekt, monologisiere ich die Lippen vor Neugierde dazu bewegend, meine Nase in den Wind haltend, um auch das kleinste Gerüchtchen zu erfassen, das zur Lösung des Rätsels beitragen kann. Nicht einmal zur mächtigen Conciergeloge komme ich mehr durch. Wie soll ich da ohne Schlüssel in mein abgelegenes Refugium gelangen? Selbst ein ganzes Rudel Polizeihunde schnüffelt sich durch die Hotelhalle, sodass ich bemerke, wie die sieben Hotelkatzen das Nobelhaus beim oberen Notausgang in Richtung Wäscherei fluchtartig verlassen. Sie sind nach chinesischer Tradition für Glück und Wohlstand der Gäste zuständig, wie mir der aus China stammende Oberkellner erst gestern erklärte. Die chinesische Katze soll symbolisch das Glück und den Wohlstand herbeiwinken. Man findet diese deshalb in fast jedem chinesischen Laden, aber auch in beinahe allen Privathäusern. Schliesslich kann man nie genügend Glück und Wohlstand haben. Schlechtes Zeichen für meine Geschäfte, bahnt sich ein pessimistischer Gedanke seinen Weg durch meine Nase, sodass ich aufs Heftigste niesen muss. Ich sage mir, dass dieser Ausbruch bestimmt bei irgendeinem Volk dieser Erde Glück bedeute und dieses auch bringe, sodass ich getrost dem letzten Tag in dieser Stadt entgegensehen kann.

Doch noch ist nicht aller Tage Abend. Ich will mir das Schauspiel der Ankunft des hohen Gastes – es ist wohl eher ein Star, der abgeschottet in seiner Suite verschwinden will, um nicht von Fans überrollt zu werden – keinesfalls entgegen lassen und stelle mich mental auf eine lange Wartezeit ein. Immerhin komme ich als Hotelgast näher an das Geschehen heran als jeder Aussenstehende, was zur Folge hat, dass ich plötzlich neben meinem chinesischen Oberkellner stehe, der mich herzlich begrüsst und sogleich die Weisheiten seines Heimatlandes zum Besten gibt. Er scheint damit auf jede Lebenssituation nicht bloss eine Antwort zu wissen, nein, gleich auch drei Lösungsansätze mitzuliefern.

»Hoher Gast im Anzug ist, bringt Spannkraft und Jugendlichkeit, wenn nicht verspeist wird!« Ach, denke ich, wieder so ein Spruch, wer will denn einen Star verspeisen? Mittlerweile bin ich überzeugt, dass es sich um einen Promi handeln muss, denn die Frühlingsblumen, die durch alle Türen hereingetragen wurden, sprechen eine klare Sprache.

Als mit lautem Gezwitscher und heftigem Flügelschlagen der Star im Hotel einzieht und sein Nest an der alten, efeuberankten Fassade belegt, erklärt mir der Chinese: »Star, Sturnus vulgaris (von althochdeutsch stara), häufigster Vertreter der Vogelfamilie der Stare.« Erst jetzt verstehe ich und begreife, innerlich jubilierend, dass der Frühling eingezogen ist, wenn auch der zweite. Doch was spielt das für eine Rolle? Ich fühle mich voller Spannkraft und jugendlichem Feuer, was meinen Geschäften bestimmt nicht schaden kann.

Und zudem, der Frühling verdient es, kann ich ihm ja getrost alle Ehre erweisen!

ESPERENZA

Esperenza« steht in Grossbuchstaben über der Bartheke des dunklen Raums. Wie bin ich hierhergekommen?
Was suche ich in dieser Hotelbar?
Betrunken?
Nein!
Meine Gedanken sind glasklar.
Was bedeutet überhaupt das Wort »glasklar«?
Es gibt doch Rauchglas.
Plexiglas.
Farbiges Glas.
Doch heute, da gibt es keinen Zweifel, sehe ich glasklar im wahrsten Sinne des Wortes!
Ich weiss, wie sich Trunkenheit anfühlt.
Volltrunkenheit.
Ich war es in den letzten Monaten ziemlich oft.
Sehr oft, wenn ich ehrlich sein soll.
Und ich will es.
Denn heute bin ich stocknüchtern.
Kein Gramm Alkohol.
Kein Schimmer eines Promilles.
Nüchtern bis in die Zehenspitzen.
Wissen Sie, wie sich das anfühlt?
Nüchterne Zehenspitzen?
Ich verrate es Ihnen.
Pelzig.
Echt pelzig.
Nein, nicht zobelig.
Überhaupt nicht.
Auch nicht katzig.
Pelzig wie der Belag auf der Zunge nach einem zu heissen Getränk.
So fühlt es sich an.
Keineswegs angenehm. Das versichere ich Ihnen.
Nun denn.

Was suche ich in dieser düsteren Bar?
Dunkle Hölzer.
Geruch von Mischgetränken.
Zahllose Bedienstete.
Alle stehen bereit, als würde demnächst der Startschuss des Barmarathons, der Weltmeisterschaft der Bargänger abgefeuert.
Abgehalftert bin ich.
Zweifelsohne.
So fühle ich mich.
Verzeihen Sie.
Das Halfter entfernt.
Ich bin nicht einmal mehr mein eigener Besitzer.
Und doch.
So ulkig die ganze Angelegenheit.
Sehr ulkig.
Obersehrulkig.
Da, an der Wand die Pendüle aus meinem Wohnzimmer.
Ich könnte es beschwören.
Und der Druck dort an der Wand?
Er hängt doch sonst in meinem Schlafgemach.
Dem Ort der sinnlichen Freuden.
Hier allerdings deutet nichts auf solche Gefühlsirrungen, Wirrungen hin.
Düster ist die Stimmung.
Ein Klavierspieler.
Ohrwürmer quellen ihm aus den Schuhen.
Esperanza?
In leuchtenden grossen schwarzen Lettern.
Ist da Esperanza?
Hoffnung?
Welche?
Und für wen?
Oh Himmel!
Ich sitze am Klavier.
Mein eigener Doppelgänger?
Zwillingsbruder?
Würmer, die meinen Schuhen entspringen?
Sich zu Notenschlüsseln krümmen!

Emporranken zu meinem Haupt.
Kringellocken bilden.
Ich muss zum Haareschneiden!
Endlich.
So kann ich mich nicht mehr zeigen.
Mit Würmern in den Haaren als Kringelchen.
Esperanza?
Auf was hoffe ich hier?
Wer hofft?
Hoffnungsgier?
Klänge entspringen meinen Zehennägeln.
Hübsche Klänge.
Akkorde.
Die Bediensteten applaudieren.
Mit den Ohrläppchen.
Die grossen Kerle mit den Hirnlappen.
Sie klappen diese aus.
Als wären es Landeklappen eines Jumbojets.
Und ich ihr Passagier.
Ohne Hoffnung auf gute Erdankunft.
Bauchlandung.
Bruchlandung.
Requiem ertönt nun aus meinen Fingernageln.
Nein, aus dem rechten Daumen.
Dem obersten Knöchelchen.
Immerhin dem obersten.
Hoher Offizier also.
Darüber einzig noch Generäle.
Was soll das?
Was habe ich in dieser Bar verloren?
Mein Leben?
Meine Zukunft?
Welche Kunft?
Die Wiederkunft?
Abkunft?
Was sehen mich die Bediensteten so hoffnungsvoll an?
Wollen Sie mich zu ihrem Boss küren?
Oder verzehren?

Bin ich ein Braten in Wartestellung?
Ein gerupfter Hahn?
Nein, mein Bart – ich streiche mit der linken Hand sanft darüber, als wolle ich mich belohnen – steht noch in voller Pracht.
Weshalb bin ich der einzige Gast?
Ist das die Hölle?
Die Strafe für meinen schiefen, alkoholischen Lebenswandel?
Die dienstbaren Geister, es sind an die hundertdreiunddreissig Komma sieben drei, den Pianisten ausgenommen, haben alle kahl geschorene Nacken.
Ob Frau oder Mann.
Und jeder trägt auf der rechten Halsseite ein Heftpflaster.
Nur drei Quadratmillimeter gross.
Kaum zu sehen.
Ich greife mit der linken Handfläche an die Rückseite meines Kopfes.
Kurz oberhalb des Kragens.
Bedeckt von Kringellocken, denke ich.
Doch weit gefehlt!
Ich bin geschoren wie die ganze Meute.
Auch ein Kleinpflaster ziert, wie ich ertaste, die nackte Haut.
Da ertönt ein Trompetensignal.
Ein Weckruf der Armee.
Ein hingepfefferter Tusch!
Titatatiiituuuu!
Titttatttaaatiiituuuuu!
Titttaaaaatttaaaatiiiituuuu!
Eindringlich!
Stein zermürbend.
Zerbrechend!
Die Trompeten von Jericho.
Tote Seelen weckend.
Und die Pflaster an den Nacken wölben sich ob dieser Töne.
Alle auf einmal!
Auch meines.
Nehmen Habacht-Stellung an.
Nelkenknospen brechen durch.
Wachsen rasend schnell!
Die Luft säuselt durchwelkt.

Ein Duft verbreitet sich, als sei der jüngste Nelkentag angebrochen.
Eine Nelke pflückt die andere.
Ganze Büschel wachsen jetzt aus den gepflasterten Nacken!
Lebensbüschel!
Nelkenköpfe.
Die Bediensteten äsen gegenseitig auf Kopfesnelkenwiesen.
Auch auf der meinen.
Und ich auf der des Pianisten.
Oder ist es meine eigene?
Sitze ich am Klavier?
Nelken statt Saiten.
Nelkentasten.
Esperanza blüht.
Nelkenparadies.
Nelkiger Planet!
Und ich mitten im Auge des Zyklons.
Die Hoffnung blüht auf.
Ich habe Esperanza erreicht.
Kein Ende ist abzusehen.
Nur ein Anfang.
Ein Beginn.
Tausend Anfänge.
Hunderttausend Beginne.
Der Startschuss ist gefallen.
Lang lebe das Blühen und Verblühen.
Lang lebe das Leben, das sich jeden Tag erneuert!

DER TIEFSTAPLER

Ach ja, Hochstapler kennen wir alle. Hochstapler in jeder Ausführung. Böswillige, gutmütige, geistige. Ja, auch verbrecherische, die es einzig darauf abgesehen haben, uns zu schaden und sich zu bereichern. Von letzteren kann jedes Gästeetablissement Geschichten erzählen. Berichte meist angereichert mit farbigster Garnitur, die jedem Küchenchef eines Erstranghauses, das mit vielen Kochmützen der Gastroführer gesegnet wird, alle Ehre machen würde. Aber Tiefstapler, nein, das kommt doch äusserst selten vor. Da gibt es doch unzählige Gabelstapler, Mittelstapler, tackende Stapler für den, der die Augen offen hält. Ich könnte Ihnen zahllose Geschichten erzählen, die sich aber schlussendlich wie ein Ei dem anderen gleichen. Wobei Eier ja doch, je nach Tierart, unterschiedliche Formen und Grössen besitzen können. Aber alle haben eine Schale zum Schutz ihres Inhalts. Und diese Schale erkennt man beim Hochstapler auch. Als langjähriger Rezeptionist ist es mir heute ein Leichtes, solche Menschen bereits bei ihrer Ankunft zu durchschauen, um diese anschliessend zu entlarven. Doch erst wenn die Polizei eingetroffen ist. Das werden Sie sicher verstehen, denn ich will meine Kolleginnen und Kollegen, vornehmlich die jüngeren mit wenig Erfahrung, schützen. Schützen vor Verlusten oder gar dem Verlust ihrer Arbeitsstelle. Denn ein Rezeptionist, der nicht Radaraugen für die Seele seiner Gäste besitzt, wird unweigerlich Schiffbruch erleiden. Schiffbruch natürlich im übertragenen Sinn. Übrigens – ich will ja nicht als geschwätzig oder gar selbstbeweihräuchernd erscheinen, aber diese Information will ich Ihnen meiner Glaubwürdigkeit wegen nicht vorenthalten – hat mir der Innenminister kürzlich für meine Verbrecherfangquote einen Orden »Pour le Mérite« zweiter Klasse verliehen. Ein seltener Vorgang für unseren Berufsstand, wenn ich nicht gar ein Einzelfall bin, die Ausnahme, die die Regel bestätigt. Denn, wer denkt schon an Portiers? Wir sind ein Teil des Inventars eines Hotels. Meist übersieht ein Gast Menschen wie mich. Ganz im Gegenteil zu uns, die wir uns jeden Gast fotografisch zu merken haben. Der Zweitbesucher – entschuldigen Sie den Fachausdruck – erwartet, wie Sie bestimmt auch, dass wir ihn mit Name und gar Titel ansprechen, damit er sich zuhause fühlen kann. Ganz abgesehen davon – das jedoch einzig als Klammerbemerkung –, dass unser Trinkgeld, der Obolus, auf den unser Berufsstand angewiesen ist und selbst die Steuerbehörden schätzt das so ein, dann wie ein Bergquell bei der Schneeschmelze ausgiebiger fliessen kann. Wobei ich keineswegs behaupte, dass dadurch das Pecunium des Gastes so zu schmelzen habe wie der Schnee an der Frühlingssonne. Keineswegs! Glauben Sie mir! Nein, Hintergedanken beim Lesen lasse ich nicht zu. Sie stören mich. Ehrlich gesagt, sie verunsichern mich. Und wenn Sie die Geschichte, die ich Ihnen erzählen wollte, diejenige des Tiefstaplers, wirklich hören wollen, unterlassen Sie sofort und unmittelbar solche mentalen Beschuldigungen gegen meine Person.

So! Jetzt gefallen Sie mir besser! Ihre Verdächtigungen haben Sie tief in Ihr oberstes Zeigefingergelenk verstaut. Aber bitte sehr, zeigen Sie nie mit diesem Glied auf mich! Ansonsten werde ich den Teil der Geschichte, den ich Ihnen bis dann verraten habe, unweigerlich und umfänglich zurückfordern. Wort für Wort. Und wenn ich dazu tief in Ihr wertes Haupt einsteigen muss, in Ihr Gedächtnis! Glauben Sie mir, dass ich dazu fähig bin. Denn, nicht wahr, wer Hochstapler mit dem kleinen Finger – nein, dort habe ich im Gegensatz zu Ihnen nichts versteckt – entlarven kann, ist auch in der Lage zu extrahieren. Wortextraktion samt Wurzel. Bedenken Sie das bitte schön.

Also, stellen Sie sich vor, ich sitze – da ich Nachtdienst habe, ist das erlaubt – hinter meiner Empfangsburg, blättere in einem Buch, das eine Dame, als sie auf ihren Ehegatten oder Liebhaber wartete, wer weiss das schon so genau, im Empfangssalon liegen gelassen hatte, vertiefe mich darin, schlüpfe in die Wörter und Sätze, als wären es Kleider, in die Seiten, als stellten sie die Protagonisten dar. Nach einer gewissen Zeit hat mich das Buch, das mich dankbar aufnimmt, in seine Welt gezogen. Dem Verfasser ist es tatsächlich gelungen, mich mit Haut und Haar zu packen, sodass ich meiner Umgebung und, was schlimmer wiegt, der Aufgabe meines Berufes nicht mehr gerecht werde. Ich sehe, höre und empfinde einzig noch mit den Augen der beschriebenen Heldin, bin als Mann ganz Frau, was mir bisher noch nie geschah. Schmetterlinge flattern um mich. Schmetterlinge bevölkern mein Inneres. Halten Versammlungen ab in meinem Bauch. Zahllose Worte kommen gefesselt daher, andere in Wortkäfigen, gezimmert aus Grammatikregeln. Das Temperament der so Gezähmten schimmert jedoch so stark durch, wogt in mir, als würde ich selbst bald ein Fluginsekt werden, farbig und voll wundersamer Muster auf meiner Haut. Die Worte haben sich befreit. Ihre Ketten, die wie Bindfäden vom Himmel perlen, zerrissen. Sie tanzen und umgarnen mich, schwappen in meinem Körper hin und her, greifen bald nach meinem Herzen, um gleich danach in die Spitzen meiner Lungenflügel vorzudringen, berühren sachte meine Seele, trommeln auf meine Nasenflügel, als seien sie Pauken. In diesem Augenblick tritt der kleine schwarze Schmetterling in die Eingangstür der Herberge, die ich zu bewachen habe, sieht sich um und besteigt mühsam auf seinen zitternden Beinchen meinen Tresen. Nutzt seine Flügel nicht. Diese tummeln sich ja in meinem Bauch! Ich beobachte ihn wie gebannt, denn im Buch, das vor mir liegt, ist er genau beschrieben und als ich ihn mit den befreiten Buchstaben und Worten vergleiche, gibt es nur eine Abweichung, die mich aber ängstigt. In Wirklichkeit, sofern Wirklichkeit besteht und sie sich nicht aus zahllosen Unwirklichkeiten ergibt, ist der rechte Fühler des schwarzen Schmetterlings dreimal länger als der linke. Auf den Seiten des Buchs, das ich lese, steht davon nichts. Das Tier mit seinen dunkelschwarzen, aus meinem Bauch auferstandenen Flügeln, die hell und mit einer unwahrscheinlichen Leuchtkraft strahlen, ist nun oben auf der Pultfläche angelangt, ganz nah bei mir, heftig vor Anstrengung keuchend. Und ich erkenne in ihm intuitiv eine Stapelei. Um welche es sich handelt, kann ich noch nicht erkennen. Der Grösse des Schmetterlings wegen tippe ich jedoch eher auf das Tief, keineswegs auf das Hoch. Das Tief des Meeres. Des Raums. Des Denkens. Das Tief des gerechten Schlafs, der mir entzogen wird, dasjenige der Schraube, die sich schrill in die Tiefen unbekannter Wände treiben lässt. Als das Insekt schliesslich bei meinem Gästebuch angekommen ist, das offen wie eine Bibel auf der Theke liegt, den Menschen Heimat gibt, die in unserem Haus schlafen, ihre Namen abgegeben haben für die Nacht, auf dass sie namenlos sich entspannen können. Der Schmetterling ist trotz seiner Schwärze von Anmut geprägt, doch als ich genauer hinsehe, erkenne ich an seinem zierlichen Schnäuzchen, in seinem kleinen Rachen, ein fürchterliches Haigebiss mit siebzehn Reihen scharfer, wohl geschliffener Zähne. Des Schmetterlings längerer Fühler liest im Gästebuch, die Zähne klacken dabei unheilvoll mit dunklem Klang. Und da! Es ist nicht zu fassen, da beginnt das niedliche Untier, das sich nicht vertreiben lässt, die Namen im Gästebuch zu fressen. Einzelne Buchstaben zuerst, dann ganze Zeilen. So verliere ich Name für Name an den ungebetenen Gast. Wie bitte soll ich das bei Tageslicht meinen Gästen erklären? Ihnen mitteilen, dass sie das Los der Namenlosigkeit auf sich zu nehmen haben?

Der Schmetterling aber wächst mit jedem Verzehr ein kleines Stückchen an. Seine Brust beginnt zu schwellen, die Taten und Untaten der verinnerlichten Namen heften sich, als seien es Orden, an die fein bemalten filigranen Flügel, die sehr rasch zu klein für all die Auszeichnungen und Anklagen sind. Sie werden schlapp. Doch unmittelbar darauf wachsen dem Insekt zehnmal breitere Flügel und so geht es fort, bis deren Spannweite den Vollmond, der die Eingangshalle fahl erleuchtet, abdeckt und Dunkelheit sich behaglich zum Schlaf niederlegt. Als das schwarze, nun in der Nacht zerfliessende, dadurch unsichtbar werdende Insekt sich dann mit seinen Zahnreihen heftig in Malmgeräusche verstrickt, sich mein Namensschild vornimmt, das an meiner Brust wie ein Schild der Wehrhaftigkeit prangt, fühle ich erneut ein heftiges Schmetterlingsflattern in meinem Bauch. Denn ohne meinen Namen, dem treusten Begleiter seit meiner Geburt, rückt nun alles für mich in weite Ferne. Namenlos schwebe ich durch die ferne, weite Sternenwelt, verstummt ist das Knacken der Zähne, das Schaben der Fühler. Stille umschlingt die Klänge. Selbst die Flügelschläge im Bauch sind verstummt, Wärme zieht durch meinen Körper, als ob ein überirdischer Golfstrom mich entführt, Frieden zieht in meinen Körper ein. Tief eingedrungen liegt der Stapel der Gefühle ruhig und unverdaulich in meinem Bauch.

Nein, zeigen Sie nicht mit Ihrem Zeigefinger auf mich! Nein, ich will nicht zurück. Nicht in den Alltag. Nicht in meine Allnacht! Lassen Sie mich in Ruhe! Verschwinden Sie! Vergessen Sie die Geschichte! Wie Sie suche ich ja nur mein Glück.

HOTEL SPAM

Ja, hier Hotel Spam«, tönt es aus dem scheppernden Lautsprecher meines bereits in die Jahre gekommenen, vor Monaten auf eBay erworbenen Handys. »Sie wünschen?«

»Ich möchte einen Ferienaufenthalt buchen«, antworte ich in Anwesenheit meiner Freundin, die mir heute Abend verkündete, dass sie von ihrem Arbeitgeber, einem multinationalen Konzern, gefeuert wurde. Und dies sofort. Fristlos. Die Gründe wollte sie mir nicht nennen. Auch nach diplomatischem Nachfragen nicht. Auch nicht, als ich nach Betriebsklima, Arbeitsplatzliebschaften und Ähnlichem forschte. Ihre einzige Antwort war und ist:

»Ich muss gehen. Und das ist gut so. Einmal läuft jede Uhr ab. Oder etwa nicht?«, fragte sie mit ihrer verführerischen Stimme.

»Lass uns verreisen, die Angelegenheit so vergessen!«, fügte Alice dann bei. Und so begann ich, im Internet nach Urlaubsschnäppchen zu forschen. Den ganzen Abend verbrachte ich damit, warf stets einen Seitwärtsblick zu ihr, meiner Angebeteten, die in einem mächtigen Koffer wühlte, den sie aus dem Büro nach Hause geschleppt hatte. In ihm waren, so nahm ich an, all die Kinkerlitzchen und Kleinigkeiten verstaut, die sich in einer zweiundzwanzigjährigen Tätigkeit am selben Arbeitsplatz, am selben Pult, auf demselben Stuhl angesammelt hatten. Maskottchen mussten sich, wie ich Alice kannte, zu Hunderten in ihm aneinanderschmiegen. Postkarten dem Gilb huldigend aufeinandergestapelt gewesen sein. Lidschatten, Parfüms und Puderdosen hurtig hingeworfen sein, alle um die Gunst der Besitzerin buhlend. Pflanzentropfen, homöopathische Kügelchen mussten sich farbig in durchsichtigen Plexiglasbehältern, sich stets neu vermischend, tollen. Kopfwehpulver seinem Verfallsdatum entgegendämmern. Notizbücher, Adresskarteien waren sicher auch in grosser Zahl vorhanden. Denn Alice schrieb jeden Vorfall fein säuberlich nieder, behauptete stets, dass ihr Kurzzeitgedächtnis so siebartig sei, dass die Lederbücher dieses in die Länge ziehen müssten, sonst sei sie auf dieser Welt verloren. So aber bestünde immer Übersicht, Klarheit, Transparenz und gar niemand könnte ihr irgendetwas vorgaukeln, nein, niemand, auch nicht ich, den sie erst seit zwei Jahren und dreizehn Monaten kannte. Zum besseren Verständnis darf ich hier beifügen, dass Alice alle Zeiteinheiten eigenen Regeln unterwarf, denn nicht umsonst war sie Mathematikerin. So hatte ein Jahr bei ihr dreizehn Monate und dreizehn Tage. Ein Tag vierundzwanzig Stunden und dreizehn Minuten, eine Woche sieben Komma eins drei Tage. Als ich ihr einmal vorhielt, dass bei Aufrechnung der Stunden zu Tagen, der Tage zu Wochen, der Wochen zu Monaten, der Monate zu Jahren die Zahlen überhaupt nicht aufgehen würden, antwortete sie mir mit den lapidaren drei Worten: »Typisch männliche Logik!«

Ich sehe also, während ich mit dem Hotel telefoniere, das seine günstigsten Wochenangebote auf der Homepage präsentiert, wie Alice in ihrem Koffer wühlt so wie andere Menschen in ihren Erinnerungen. Einmal verklärt sich ihr Gesicht mit einem wissenden Lächeln, dann verdunkelt es sich wieder, als ob ein Gewitter aufziehen würde. Ja, Alice ist ein ganz besonderer Mensch, ich werde ihr stets die Wünsche nicht nur von den Lippen und den Augensternen ablesen, nein, ich werde sogar jedes Kräuseln ihrer Stirn, jedes Lachfältchen als Wegweiser meines Tuns zu deuten wissen. So befasse ich mich mit ihrem Ferienwunsch, obwohl in meiner und auch in ihrer Kasse Unterebbe herrscht, das heisst, nicht einmal Münzen ihr Liedchen klimpern können, vom Rascheln von Scheinen können wir zurzeit nur träumen. Zu stark belasten uns die Ausgaben des täglichen Lebens und meine Einkünfte als Schriftsteller haben sich längst in ihr Gegenteil gekehrt: Ausser Kosten für die Erarbeitung von Grundlagen für mein neues Werk, fliesst kein roter Heller mehr in meine ohnehin löchrigen Taschen. So bin ich froh und glücklich, auf dieses eine Angebot gestossen zu sein, ein Hotel am Meeresstrand, alle Zimmer mit Ausblick auf den Ozean, in dem wir unseren Aufenthalt mit unserer Arbeit abzahlen können. Leichte Arbeit wohlverstanden, bei der wir das Tageslicht zum Tummeln im Sand nutzen können und einzig vom Einbruch der Dunkelheit bis zum ersten Morgengrauen der einfachen Tätigkeit nachzugehen hätten.

»Einen Aufenthalt von vier Wochen möchte ich buchen, haben Sie freie Zimmer?«, spreche ich mit fester Stimme zum Schreibtisch, auf dem das Telefon liegt, das bei jedem bei uns ankommenden Wort, einen freudigen Hüpfer vollführt.

»Ja, das ist möglich! Welche Zimmerkategorie möchten Sie sich gönnen? Tausend, zehntausend oder hunderttausend?«

»Bitte schön? Ich verstehe nicht.«

»Sie können Ihre Kategorie aussuchen!«

»Die Zimmerausstattung?«

»Ja!«

»Hängt das mit der Arbeitsleistung zusammen?«

»Ja! Aber fürchten Sie sich nicht, Sie werden alles in angenehmem Rahmen im Speisesaal erledigen können.«

»Im Speisesaal?« Meine zweifelnde Stimme scheppert jetzt wie der Lautsprecher, denn ich kann mir schlicht keine Arbeitsleistung in angenehmem Rahmen im Speisesaal vorstellen und das noch während der Nacht!

»Müssen wir auftragen? Abtragen?«

»Wo denken Sie hin! Alles wird Ihnen an Ihren Speiseplatz gebracht. Franco Domizil sozusagen. Spesenfrei!« Ein leises Kichern ist jetzt im Lautsprecher vernehmbar, sodass mein Telefon kleine Freudentänze auf dem Holztisch zu vollführen beginnt.

»Haben Sie Appetit?«

»Ja, ziemlich. Ich freue mich auf Nahrhaftes. Deftiges, hoffe ich!«

»Das kann ich Ihnen garantieren! Nur Handfestes hat Raum in unserem Speisesaal. Sie werden begeistert sein! Ich empfehle Ihnen die Hunderttausend. Sie scheinen ja einen stabilen Magen zu besitzen. Also abgemacht?«

»Ja«, hauche ich jetzt in den Hörer, denn mein Magen beginnt ob der Aussichten, laut zu knurren und ich weiss von den Piktogrammen, dass Haustiere in diesem Hotel nicht erwünscht sind. Die nette Stimme könnte meinen Magenchor falsch auslegen, was ich, geldlos wie ich bin, unbedingt verhindern muss.

»Übrigens, wir stellen alles im Hotel, sie können getrost gepäcklos anreisen. Es wird alles in ihrem Zimmer sein!«

»Danke.«

»Gern geschehen und auf bald!«

Ein hässliches Knacken beendet das Gespräch, Alice steht mit leerem Blick vor ihrem Koffer.

»Den kannst du mitnehmen«, beruhige ich sie. »Sind ja keine Kleider, nur Erinnerungen und die kann einem niemand nehmen.«

Zart fasse ich Alices kleinen Zeh, trete mit ihr in den Cyberraum, reise ins Hotel Spam, wo selbst für uns im Speisesaal der Tisch schon liebevoll gedeckt ist. Da die Dunkelheit bereits eingekehrt ist, mache ich mich an die ersten tausend Spams, die mit Kräutern verziert, hübsch drapiert, von einem E-Mail im rosaroten Dress auf einem silbernen Tablett aufgetragen werden.

»Hunderttausend bis zum Morgengrauen sind bestimmt zu schaffen, ich habe einen eisernen Magen«, bemerke ich zu Alice gewandt und setze meine Gabel effektvoll ein, indem ich zehn der deftigen, fetttriefenden Spams aufspiesse und lustvoll knackend zerbeisse.

KAMTSCHATKA

Kamtschatka«, ruft der Gast im noblen Fünfsternerestaurant unseres Spitzenhotels in der Bundeshauptstadt, in dem wir auf höchste Hotelkultur besonders viel Gewicht legen. »Kamtschatka.« Und das nicht etwa leise. Nein. Lauthals. Mit einer schrillen Stimme. Einer durchdringenden schrillen Stimme. Töne, die sich in meiner und den Ohrmuscheln unserer Gäste festzusetzen scheinen. Dieses Nach-unten-Ziehen, Verlängern, als ob ein Lehrer zur Strafe für eine grobe Verfehlung heftig an den Ohrläppchen zupfen würde. Ich, der Maître d'Hôtel im schwarzen Smokingdienstanzug, stehe wie gelähmt mit wohl vor Schreck weit aufgerissenen Augen und starren Pupillen mitten im vornehmen, blumengeschmückten, von exzellenten Weinflaschen angereicherten Speiseraum und weiss mir beim besten Willen nicht zu helfen. Ein Sakrileg geschieht hier. Eine mittlere Katastrophe. Was wird der Minister davon halten, der am dritten Tisch links mit seinem Staatssekretär speist, was der Unternehmer mit seiner Assistentin, der eine Flasche Dom Pérignon und anschliessend einen Cheval Blanc, Jahrgang 1981, geordert hat. Ruhe und Diskretion sind doch die Trumpfkarten eines Lokals unserer Kategorie, die kaum in Gold aufzuwiegen sind. Und der sichtbar erregte Gast beruhigt sich nicht. Nein, seine Kamtschatkarufe tönen immer verzweifelter. Immer fordernder. Wenn ich nur wüsste, was der grau melierte, allein am Tisch sitzende Herr, der als Baron von und zu Weissenfels gebucht hat, mit diesen Rufen bezwecken will. Alle Augen fokussieren sich jetzt auf den Baron. Seine wiederum sind zur Decke gerichtet, als ob aus dem Himmel seine Rettung erscheinen könnte. Seine Aufmerksamkeit ist so in die Ferne gerichtet, dass er mir tatsächlich der Erde entrückt erscheint. Und immer wieder, als seien es Wellen eines Ozeans, die Gischt werfend an das felsige Ufer schlagen, erklingen seine Kamtschatkarufe. Mit Schrecken sehe ich, dass die gesamte über dreissig Häupter zählende Küchenbrigade aus der Verbindungstüre zum Küchenreich in den Speisesaal stürzt, jeder mit seinen Instrumenten in den Händen, die er gerade für seine Speisezubereitung nutzte. Nie, noch kein einziges Mal wagten sich die Weissbeschürzten in diese heiligen Gourmeträume, die ich als Feinschmeckeradmiral befehlige. Ein weiterer Tabubruch. Ich halte das nicht mehr aus, zu viele Welten stürzen in Minuten ein. Ich stehe bildlich gesprochen auf einer existenziellen Wabbelmasse, kann mein seelisches Gleichgewicht kaum mehr halten. Und dazu diese vermaledeiten Rufe. Als seien diese ein Fanal zum Beginn der Endzeit, die angebrochen zu sein scheint. Wenigstens hier in meinem Universum, das sonst so übersichtlich ist, wo eine Handlung sich wohlgeordnet an die andere reiht. Vorausbestimmbar. Berechenbar. Sicherheit vermittelnd. Und nun dieses absolute Chaos. Ist das Wort »Kamtschatka« ein Synonym für Chaos? Für totale Auflösung? Für das Ende jeder Ordnung? Was soll ich nur unternehmen? Den Direktor rufen? Ihm die Verantwortung übergeben? Doch wenn er noch nicht hier erschienen ist, dann weilt er ausser Haus. Er hat ein so feines Gespür für Ausserordentliches, dass er längst hier eingetroffen wäre, falls er sich unter unserem sich so rasch verflüchtigenden Dach der klaren Strukturen, für die auch ich gerade stehe, befände. Soll ich den Sicherheitsdienst mobilisieren, damit er mit seinem Teaserstock alle zur Ordnung zurückführen kann? Ich kann kaum denken. Diese Rufe! Sie dringen zutiefst in mein Hirn. Bringen meine grauen Zellen in wilden Aufruhr. Und – ich kann es beinahe nicht glauben – mein Inneres verspürt wie von einem Zauberstab berührt den sich immer mehr verstärkenden Wunsch, in die Kamtschatkarufe einzustimmen. Endlich einmal alle Hüllen der Disziplin fallen zu lassen. Mich auf den Wogen dieser sich vor mir ausbreitenden Emotionen des Gasts tragen zu lassen. Tragen zu lassen in eine andere Welt. Auf einen anderen Planeten, in ein anderes Universum. Ein chaotisches. Eines, in dem es keine Weinkarte mit Château Lafite Rothschild gibt. In der es keine Tagesempfehlung mit Froschschenkeln und lebend gekochtem Hummer zu rezitieren gilt. In dem Kamtschatka, diese neue Gottheit, alles bestimmt. In der ich Mensch sein kann. Mit allen meinen Gefühlen. Weinen. Lachen. Mich der grenzenlosen Liebe hingeben, der Lust. In der ich dem Minister mit meiner Serviette über die Glatze fahren kann. Sie ihm polieren kann. Ja, polieren. Ihm meine offene Meinung über seine verheerende Politik an den Kopf schleudern darf. Eine Welt, in der die Revolution alles durcheinanderwirbelt. Wir wie Staubkörner durcheinandergepustet werden. Alles aus Asche neu entsteht. Die Vergangenheit versiegelt wird. Und jetzt macht der Rufer wilde Zeichen. Ruft mich. Soll ich mich in die Gefahr begeben? Mich heldenhaft verhalten? Das Chaos ordnen, wieder alles ins Lot bringen? Mich opfern?

Ich gehe zu dem Gast.

»Bringen Sie mir eine Platte Kamtschatkakaviar auf einem Silbertablett und dazu den Château d'Yquem 1967. Aber rasch«, fügt er nach einer kurzen Pause herrisch hinzu.

Sind seine Kamtschatkarufe nur in meinem Hirn erfolgt? Ist die Küchenbrigade gar nie hier in mein Reich eingedrungen? Habe ich Halluzinationen? Oder sind mir hellseherische Fähigkeiten zugefallen, sodass mich Gästewünsche wie böse Geister überfallen? Und ich gleite sanft aus meiner tagträumenden Revolution zurück, in mein angestammtes Leben, in den Hafen meiner Sicherheit. Verbeuge mich tief und bemerke: »Sogleich, Herr Baron. Wie Herr Baron wünschen! Kamtschatkakaviar führen wir heute nicht. Die Eisdecke ist rund um diese Halbinsel noch etwas zu dick. Ich empfehle Herrn Baron Beluga. Er ist ganz frisch. Von unserem Experten am Schwarzen Meer eigenhändig aus dem noch lebenden Fisch geholt.«

UNSTERBLICH

Ich bin ein Naturliebhaber. Bei Wanderungen finde ich Erfüllung. Seit dem Ende meiner Berufstätigkeit – ich war Arzt im städtischen Krankenhaus, ein kleiner Kunstfehler, der jedem Kollegen hätte unterlaufen können, kostete mich meine sichere Anstellung – habe ich die Natur und die Wanderungen zu meiner Berufung auserkoren. Zwei Tage in der Woche, samstags und sonntags, widme ich mich der Wochenplanung – an den Wochenenden sind selbst die Naturpfade oft überfüllt, ähneln Ameisenstrassen. Nicht, dass ich etwas gegen Ameisen hätte. Keinesfalls. Ich bewundere diese fleissigen Tiere. Beobachte sie bei meinen Ruhepausen. Lege mich stets neben einen Ameisenhügel zur Stundenpause, denn genau nach sechzig Minuten oder dreitausendsechshundert Sekunden Fussmarsch raste ich. Wer nicht rastet, rostet. Diese Weisheit habe ich von meinem alten Beruf mit ins neue Leben genommen. So naturnah zu leben, ist ein Segen. Jahreszeiten zu erfühlen. Der Schöpfung nah zu sein. Was gibt es Eindrücklicheres als die Naturgesetze, denen auch wir unterworfen sind. Werden und Vergehen. Sein und Schein. Licht und Schatten. Geburt und Tod.

Für diese Woche habe ich mir einen Wanderleckerbissen gegönnt: zuerst der Anstieg durch den lichten Föhrenwald. Dann den Säumerpfad entlang bis hin zur Gletscherzunge nahe dem ewigen Schnee. Übernachten in der Hütte des Alpenvereins und schliesslich die Serpentinen bis hin zum Pass, von dem dann der steile Abstieg zu bewältigen ist. Er führt direkt zum Kurort, in dem die Menschen nach Verlängerung des Lebens suchen, durch den ausgedehnten Waldfriedhof jedoch immer an die Vergänglichkeit erinnert werden. Sechs Bergübergänge werden alsdann folgen. Durch Geröll und Fels, an Bergbächen und Wasserfällen entlang wird mein Weg führen. Eine alte Römerstrasse passierend, dann an mittelalterlichen Burgen vorbei – eine wahrhaftige Zeitreise habe ich mir ausgedacht. Doch heute will das Wetter nicht richtig mitspielen. Ich sehe beim Aufstieg, dass der in Nebel gehüllte Bergübergang einen kalten und nassen Marsch verspricht und ich befürchte, dass gar Schnee-

oder zumindest Graupelschauer mich begleiten werden. Doch die Aussicht auf eine dampfende heisse Suppe im Kurort erfüllt mich mit Kraft, lässt mich den Unbilden der Witterung zum Trotz kräftig ausschreiten. Erste Schweisstropfen bilden sich auf der Stirn, der Regenschutz lässt wenig von der jetzt bereits eisigen Luft als Kühlung an meinen Körper. Bald hüllen mich wallende Nebel ein. Gespenstisches Licht verwandelt Bäume zu Riesen, Steinbrocken zu Untieren. Weggabelungen entpuppen sich als wahre und unerforschliche Entscheidungsrätsel. Ich fürchte mich davor, über Steine in die Tiefe zu stolpern, sehne mich nach der Sonne und nach wärmenden Gefühlen. Doch eisig zeigt sich die Bergwelt, gefühllos, ohne jedes Erbarmen. Auf einen Stein setzen und nicht mehr bewegen, rät mir mein innerer Kompass, der fest im Gehäuse des Ohrs sitzt und dort unwiederbringlich piepst. Doch sein Antipode meint gelassen: ›Verlasse dich auf dein Bauchgefühl. Donnerwetter, hast du keinen Selbsthalbwert, nimm dich zusammen und wage es!‹ So höre ich denn auf den Bauch, der daraufhin freudig knurrt, denn er freut sich bereits auf die von der gesprächigen Zunge angekündigte heisse Suppe. Vorsichtig ertaste ich meinen Weg, fürchte mich dabei vor dem Schattenlindwurm, der mit seinen dreizehn weit geöffneten Windrachen in den Abgrund weist. Wolkengötter, aufgeblasene Pustebäcker, graue Windmühlenflügel im Engelskleid begleiten mich. Ein Napoleon mit gezücktem Schwert kommt mir entgegen, ein Osterhase, der mit Schneekristallen in seinem braunen Fell nach Weihnachten ruft, ein Wolkenochse, der sich mit der lichten Zunge selbst zu melken versucht. Steil geht es bergab. Feuchte Schieferplatten veranlassen mich zu Rutschpartien. Ich wähne mich in einem schrecklichen Albtraum, aus dem es kein Entrinnen gibt. Ich sehe bereits die Rettungsmenschen, die mir in ihren leuchtenden Overalls in meine Augen blicken, einen Spiegel vor meine Lippen halten und dabei mitleidig ihre Köpfe im Takte eines Wiener Walzers wiegen, als seien diese im Staatstheater an einem Primaballerina-Wettbewerb beteiligt. Auffallend ist einzig, dass mein Leben in den letzten Sekunden des freien Falls nicht an mir wie ein Kinofilm vorüberzieht. Da sagt mein Lebenswille, den ich deutlich unter der dritten rechten Rippe pochen höre, laut und überdeutlich: ›Ist doch ein gutes Zeichen, mein lieber Freund! Denn ohne Lebensfilm kein Riss, also bildest du dir nur alles ein.‹

Und so ist es auch, denn jetzt klart es auf und ich blicke hinab ins Tal. Die Dämmerung hat bereits eingesetzt und wie ein Wunderkerzenfeuerwerk blinken Hunderte von Lichtern aus der Tiefe zu mir hoch, grüssen mich und mein geschenktes Leben. So muss ein Wesen, das unsterblich ist, empfinden, räsoniert meine Ellensehne und winkt dem Tal und meiner Zunge zu, die erregt der heissen Suppe entgegen hechelt. Jetzt geht es schnell vorwärts. Meine Füsse traben und hüpfen über Stock und Stein und auch das rutschig nasse Gras scheint ihnen nicht nur zu gefallen, nein, sie laben sich daran und rufen sich in ihrer zotigen Zehensprache böse Nettigkeiten zu! Gut, dass die Extremitäten meines Körpers so weit entfernt sind, denn so kann ich die scheinbar Ausgeflippten einerseits nicht zur Ordnung rufen und andererseits, da ich ihrer Sprache nicht mächtig bin, auch nicht verstehen, was sie sich gegenseitig für Obszönitäten unterbreiten. Mit einem Fehltritt kann ich sie endlich zur Vernunft bringen und sie ordnen sich wieder in die Gesamtheit ein, die ich bilde. Leicht hinkend erreiche ich die ersten Häuser des Kurorts und meine Augen beginnen, die Hinweisschilder der Kureinrichtungen nach Essbarem zu durchforsten, während die Nase Suppenspuren aufzunehmen versucht, doch noch nicht fündig wird. Endlich, nach der dritten Gasse rechts vom Brunnen, wird mein Geruchssinn stimuliert. Und tatsächlich, hinter einem grossen, schweren Eisentor erblicke ich ein mächtiges Gebäude aus rotem Backstein, mindestens siebzehn Meter hoch und dreiundvierzig breit. Eine wunderbare Eingangstreppe, geziert von steinernen Löwen, wachsam die einen, ruhend die anderen, führt in das grossartige Haus. Der blühende, parkartige Garten davor verströmt einen süssen, betörenden Duft. Insekten summen. Schmetterlinge wetteifern mit ihren farbenfroh gezeichneten Flügeln um die Gunst der Sonnenstrahlen. Das ziselierte Tor ist verschlossen. Meine Suppenträume werden von der Erfüllung getrennt, beginnen, mit wildem Magenknurren ihren heftigen Protest zu melden, drohen gar mit Revolution der Magensäfte, wenn ich das vor mir liegende Hindernis nicht besiege. Am Tor ist eine Glocke angebracht. Eine Glocke mit einem schweren Schwengel. Eine Stange streckt mir fordernd ihren Griff aus schwarzem, kaltem, mattem Metall entgegen. Ich zögere. ›Bin doch kein Kurgast‹, entgegne ich den Magensäften. ›Viel zu jung dazu!‹ Und doch. Meine Finger, die linke Hand gehorcht nicht mehr. Sie greift nach der Stange. Der Schall erklingt. Hart. Hell. Durchdringend. Ruft in die Ewigkeit. Gleich springt das Tor wie von Geisterhand geführt mit einem trockenen lauten »Klonggg« auf, schwingt zur Seite, legt den Kiesweg zur Eingangstreppe frei. Links und rechts des Wegs zieren blühende Rosenbäume den Weg. Es sind nicht kleine, wie ich sie aus meinem Garten kenne, nein, Rosenbaumriesen sind es, mit mächtigen Dornen, jede gut eine Hand breit und fingerdick. Es scheint mir, als würden diese nach mir greifen und so beschleunige ich meinen Schritt. Kiesiger Schall betritt leisen Fusses meine Ohrmuschel, die diese Melodie wenig schätzt und mir mit einem grellen Pfeifton droht, sodass ich jetzt in Laufschritt übergehe, in der Hoffnung, meinem Innenohr damit einen Gefallen zu tun. Ausser Atem erreiche ich die Löwen, die mich mit Nichtbeachten strafen, steinig, gelangweilt in die Ferne sehen. Die Sehnsucht haben sie in ihr zu Stein erstarrtes Hirn verdrängt. Ich steige die Treppe hoch, vor mir gleitet die Eingangstüre leise auf, ermöglicht den Blick in einen prächtigen Empfangsraum, der menschenleer zu sein scheint. Die elegante, geschwungene Empfangstheke zieren zwei aus Stein gehauene Fabelwesen, halb Mensch, halb Tier. Dezente, futuristische Klänge erfüllen die Halle. In der Mitte plätschert ein Brunnen, lädt zum Trunk ein. Der köstliche Duft der Suppe kommt aus einem angrenzenden Saal, es muss sich, so nehme ich an, um die Speisehalle handeln, in der die Gäste verköstigt werden. Mit Riesenschritten walle ich beinahe wie ein überreicher Pascha auf dem dicken Hochfaserteppich, in dem ich fast ertrinke. Meine Füsse japsen vor Vergnügen nach frischer Luft, schreiten dabei vor Stolz geschwellt in den Speiseraum. Auf einem Podest sitzt reglos ein Zwölf-Mann-Orchester und ich hoffe einzig, dass keine Zwölftonmusik erklingen wird. An den Tischen sitzen festlich gekleidete Gäste. In Stehkragen die Herren, mit langen Roben die Damen. Dezente herbstliche Farben. Kellner beugen sich über Gläser und Teller. Doch auch hier keine Bewegung. Alles wirkt eingefroren, mit Ausnahme der Schüsseln, die herrlich dampfen und den Geruch von Nahrung in meine Nase tragen. Die Stille und Bewegungslosigkeit sind irritierend. Wie bei einem Filmriss erscheint mir der ganze Saal gespenstisch und stumm. Doch ist dem Eindruck, den ich gewinne, eine gewisse Ästhetik nicht abzusprechen. Mit gekonnter Hand scheint alles verteilt. Der Goldene Schnitt ist überall vorhanden. Der Saal in seiner in sich ruhenden Gesamtheit vermittelt den Eindruck eines perfekten Bilds. Eines Gemäldes, das von Meisterhand gefertigt den Betrachter erfreuen soll. Wo bin ich nur hingeraten? Der Hunger übermannt mich trotz der herrschenden Harmonie. Ich eile zwischen den erstarrten Gestalten zu den dampfenden Töpfen. Ergreife eine Kelle, die in der duftenden Suppe beinahe steht, so reichhaltig ist ihre Einlage. Nach zwei schlürfend eingenommenen Schlücken ertönt eine sonore laute, doch melodische, autoritätsfarbene Stimme. Ich weiss nicht, woher sie stammt, blicke mich um, sehe jedoch keinen Menschen, der sich bewegt. Der Klang erscheint, als sei er eine Wolke aus dem hohen blauen Deckenhimmel:

»Dein Platz ist dort am Mitteltisch, du hast mir zur Perfektion noch gefehlt. Jetzt ist das Kunstwerk vollkommen und du lebst für die Unendlichkeit …«

ZWIEGESPRÄCH MIT EINEM SPIEGEL

Ich wohne bereits einige Monate im Grand Hotel Bellevue, das abseits der Heerscharen in einem verführerischen Alpental gelegen ist. In meinem Alter erfülle ich mir Kindheitsträume. Ich weiss auch nicht, weshalb dieser Wunsch nach Gebirgstälern so tief in mir verwurzelt ist. Eine Kleinkinderinnerung? Sah meine Mutter damals auf ihrer Flucht vor den Nazischergen ein Alpental als Paradies an? Ich jedenfalls kann mich nicht daran erinnern und meine Mutter ist schon seit Jahrzehnten tot. In meinem Inneren aber ist dieser Wunsch, nein, dieses tiefe Bedürfnis nach der ruppigen, zerklüfteten Gebirgslandschaft gekeimt, als sei einst ein Samen gelegt worden und als sei dieser nun immer mehr gewachsen, hätte mein ganzes Inneres erfüllt, tausend Füsse erhalten und mich zu diesem einsamen, alten Hotel getragen. Ich bewohne hier ein Zimmer in Richtung Süden, meine bejahrten, bereits gebrechlichen Knochen geniessen jeden Sonnenstrahl auf der baufälligen Terrasse vor meiner altertümlichen Bleibe. In meinem Kopf – heute würde jeder sagen »virtuell« – besteige ich jeden Steilhang meiner Aussicht, hechle kopfweise und – Sie werden es mir nicht glauben – schwitze meine Hemden dabei nass. So muss ich denn, auf dem Gipfel angelangt, neue Wäsche aus meinem Rucksack, den ich dabei immer zwischen meinen Füssen halte, auspacken, mich mit einem mitgeführten Handtuch abtrocknen, um dann frisch und froh in die trockenen Kleider schlüpfen zu können. Der Rucksack, ein altes Armeestück, das ich zu Beginn meines Aufenthalts auf einem kirchlichen Trödlermarkt unten in der Talortschaft erworben habe, liegt, wenn ich mich nicht in Fels und Eis aufhalte, stets gepackt bereit unter der Waschschüssel, in der ich mich morgens und abends mit eisigem Wasser frisch für neue Abenteuer mache. Denn auch nächtens bei klarem Sternenhimmel breche ich mitunter zu den Gipfeln auf, mein Nachtglas leistet mir dabei hervorragende Dienste. Wenn ich zum Fenster herausblicke, kann ich nicht anders, als selbst bei Nebel und Sturm aufzubrechen, die Hänge im Gämsenschritt hochzukraxeln, um dann nach der Rückkehr todmüde in mein Bett zu sinken und im Traum eine neue virtuelle Besteigung zu wagen, die aber leider auch als Albtraum in einem fürchterlichen Sturz über eine Felswand enden kann.

Die Besitzer des Hotels, ein berggesichtiges, verwittertes älteres Ehepaar und ihr einziger Angestellter, ein Männchen für alles, sehen mich oft sehr kritisch an, denken sicher, ich sei nicht mehr ganz bei Sinnen. Sie verzichten jedoch – das sehe ich ihren Nasenspitzen an – auf eine Meldung an die Behörde, denn wer schlachtet schon das Huhn, das goldene Eier legt? Ich bin sicher, dass ich einen überhöhten Preis zu zahlen habe, denn die anderen Gäste sind wortkarge Arbeiter des alpinen Pumpwasserkraftwerks, die hier meist tägigen, da ihre Nachtschicht mit Einbruch der Dunkelheit einsetzt. So lässt man mich gewähren, lässt mich meiner spleenigen Beschäftigung in meinem Zimmer nachgehen. Einzig ein-, zweimal täglich ertönt ein Kontrollklopfen an meiner Türe. Ich habe einmal ein Gespräch der Eheleute belauscht, in dem sie betonten, keine Belästigung durch Bürogänge wegen toter Gäste haben zu wollen. Diese Inspektion zeigt mir, dass Mitmenschen an mich denken. Immerhin, vom Grund ganz abgesehen, erlebe ich auch Anteilnahme!

Heute ist es spät geworden. Drohende Gewitterwolken haben mich während meiner virtuellen Besteigung aufgehalten. Auf der Steinbockroute – ich habe diese so benannt, weil ich dort mit meinem Glas einen alten, von der Herde ausgestossenen kapitalen Bock entdeckte, der immer wieder an genau dieser Stelle stand, traurig, aber gefasst, ein Schicksalsteiler, wie ich bald feststellte – begleitet mich der Bock auch heute, bis ein Blitz in mein linkes Steigeisen schlägt und mir beinahe die Besinnung raubt. Glücklicherweise habe ich ein Gedankensicherungsseil gezogen, sodass ausser einem heftigen Stromschlag, der meine wenigen verbliebenen Haare zu Berge steigen lässt und einen unangenehmen Schwefelgeruch auslöst, keine nennenswerten Schäden entstehen. Doch bin ich erschöpft wie bereits seit Langem nicht und ein einziger Wunsch beseelt mich: ins Bett zu sinken und von der realen Welt nichts mehr zu wissen.

Da, plötzlich, setzt sich eine kleine Fliege auf meine Nasenspitze, promeniert stolz von Flügel zu Flügel, als wäre meine Nase ihr Schloss. So kann ich trotz aller Müdigkeit keinen Schlaf finden. Er entzieht sich mir bei jedem Fliegenkitzel, der mit den sonst durch meine Abenteuer erlebten Nervenkitzeln gar nichts gemein hat, es sei denn, dass es erzgemein ist, weil er mich um meinen Schlaf bringt. Ich verjage die Fliege mit der Hand. Einmal. Zweimal. Hundertmal. Sie ist hartnäckig, kehrt stets zu ihrem Schloss zurück. Ist sie das Schlossgespenst? Ich erhebe mich. Mache Licht. Die nackte Lampe scheint hell. Blendet mich. Dunkel ist es draussen. Sterne glitzern. Doch ich bin zu ausgelaugt, um ein neues Nachtglasabenteuer zu beginnen. Zu ausgepowert, wie mein Enkel es bezeichnen würde. Habe ich Marmelade auf der Nase? Eine Süssholzfaser? Zum Porzellanwaschbecken! Wasser aus der Karaffe ins Becken leeren. Gesichtswäsche. Katzenwäsche, wie ich sie, um Mutter zu gefallen, als Kind vollzog. Nasenreiben. Seife. Riecht nach Karbol. Weshalb nur? Habe ich jetzt den Schwarzen Peter eingefangen? Die Fliege sitzt auf dem Spiegel. Beschäftigt sich mit ihrem Abbild. Voller Interesse! Ein Freund? Ein Geruchloser? Beinchen entgegen der Schwerkraft nach oben gestreckt?

Ich will mit dieser Fliege sprechen. Ihre Lebensspanne ist begrenzt. Ich bin ihr Feind. Erzfeind gar. Jäger. Sie hat meine Lebenskreise gestört. Sich eingemischt in den Lauf meiner Dinge. Weshalb, will ich sie fragen.

Weshalb?

Weshalb besteigt sie Schlösser?

Fliegensprache? Schnellkurs? Übersetzungsmaschine?

Surr. Surr. Ssssssss.

Ich will mit dieser einsamen Fliege sprechen.

Gleich.

Subito!

Sie soll mich anhören.

Sie wird mich verstehen.

Nicht hinter vorgehaltener Hand über mich tuscheln.

Wir drei.

Ich.

Der Steinbock.

Die Fliege.

Wir drei Einsamen.

Wir vier.

Mein Spiegelbild darf ich nicht vergessen.

Wir fünf.

Der Fliege Spiegelbild ist auch da!

Vom Leben Verstossene.

Wir fünf.
Unserem Ende Entgegensehenden.
Wartenden.
Ja!
Ich warte auf Eingebung der Fliegensprache!
Ich sehe, wie das Insekt mit seinem Spiegelbild tiefschürfend diskutiert.
Mit den behaarten Beinchen heftig gestikuliert.
Jetzt mit den Fühlern tastet.
Sich über gleichlautende Antworten ihres Abbilds freut.
Über das grosse Verständnis ihrer Abkupferung.
Auch mein Spiegelbild könnte mich verstehen.
Wenn es nur wollte.
Doch es will keineswegs.
Lacht, wenn ich weine.
Weint, wenn ich lache.
Lacht mich aus.
Mich alten Mann.
Die Fliegensprache.
Ich will sie verstehen.
Das Verständnis, das die beiden zeigen, ergründen.
In der Tiefe ihrer Seele.
Ja, warum sollen Fliegen keine fliegenden Seelen haben?
Fliehende Seelen.
Ist die Fliege meine Seele?
Habe ich deren zwei?

Jetzt!
Jetzt verstehe ich die beiden Insekten!
Meine Schlossnasenfliege.
Ihr Abbild.
Ich verstehe die Fliegensprache!
Mein Spiegelbild ist wutentbrannt.
Droht mit den Fäusten.
Entfernt sich von mir.
Schleicht einfach so aus dem Spiegel.
Srrrrrrrr
Srrrrrrrrrrr
Pfffffffffrrrrr

Pffffffffffrrrrrrrrrrrrrr
Sssssssssss!
Wir sind nur noch zwei flirrende Wesen.
Zwei fliegende, fliehende Fliegen.
Ich ein Abbild?
Oder sie?
Sie?

DIE ZIMMERNUMMER

Ja, wenn Sie mich so fragen ... Da erinnere ich mich an ein Erlebnis, das mich doch sehr beeindruckt hat. Es war in der Vorsaison. Schneereste lagen noch weit hinunter auf den Flanken des Piz Nair. Es war abends, so gegen zehn Uhr. Mitten auf der Strasse, dort gegen den Berg hin, fuhr ich von einer Bahnabholung in ein Chalet, ein schöner Besitz, zurück zu meinem Standplatz direkt am Bahnhof der rhätischen Bahn. Das Benutzen dieses umsatzträchtigen Standorts kostet mich jährlich eine Stange Geld, das kann ich Ihnen sagen. Also, ich fahre zurück, durch das Wäldchen. Meine Scheinwerfer bohren Löcher in die Schwärze, da sehe ich eine Dame auf der Strasse, die mit beiden Händen aufgeregt Haltezeichen von sich gibt. Nun, wir Taxifahrer sind vorsichtig und gerade eine hübsche Frau am Strassenrand löst allerhand Alarmsignale in uns aus. Eine Falle? Ein Überfall? Eine Frau in Not oder einfach ein Fahrgast? Blitzschnell müssen wir unsere Entscheidungen treffen. Natürlich hilft die Erfahrung und meine siebenundzwanzig Jahre hinter dem Steuer eines Mietwagens kommen mir dabei zugute. In dem Fall, den ich Ihnen erzähle, sah die Frau hilflos aus ... verloren, nicht im Wäldchen, nein, auf dieser Welt. Ich hielt deshalb an und liess mein Fenster nach unten. Die Frau kam näher, sie hatte ein Flackern in ihren Augen, sah aus, als ob sie auf der Flucht vor etwas Beängstigendem sei. »Verzeihung«, sprach sie mich an, »können Sie mich zum Bahnhof bringen? Sie sind doch ein Taxi? Oder etwa nicht?« Dabei sah sie zum beleuchteten Schild auf dem Dach meines Wagens.

Klassisches Profil, wie eine griechische Göttin sieht die Frau aus, dachte ich. Wie Aphrodite. Die Schaumgeborene! Einzig etwas älter.

»Natürlich«, erwiderte ich. »Steigen Sie ein!«

»Einen Augenblick, mein Koffer!« Sie verschwand in der Dunkelheit des Wäldchens, um sogleich mit einem grossen schwarzen, mit Erdkrusten bepflasterten Koffer wieder zu erscheinen. Eine neue Alarmglocke schrillte in meinem Kopf. Du musst aussteigen. Den Kofferraum öffnen. Idealer Augenblick für einen Überfall. Doch die Frau sah so hilflos aus. Sie kann doch nicht ... Nein, die nicht.

Ich vertraute ihr.

Stieg aus, verstaute den dreckigen Koffer, hielt ihr den Türschlag auf, dachte an die nächste Wagenreinigung, denn ihre Schuhe waren noch schmutziger als der Koffer, ganze Erdklumpen hingen an ihnen. Die Frau musste quer durch den Wald gelaufen sein.

»Verzeihen Sie«, entschuldigte sie sich erneut, es schien ihre Lieblingsredewendung zu sein. »Ich bin so durcheinander … kann mich kaum auffangen. Zweifle an meinem Verstand. Unglaubliches ist mit mir geschehen. Ich will nach Hause!«

»Aber gute Frau …« Sofort stellte ich mir stumm die Frage, ob »gute Frau« die richtige Anrede sei oder ob sie aus dieser ableiten könne, ich nähme sie nicht für voll. »Beruhigen Sie sich doch, steigen Sie ein, es wird sich bestimmt eine Lösung finden. Aber erzählen Sie, was vorgefallen ist!« Diese Aufforderung zur Offenlegung wende ich immer an, denn in einem gewissen Sinn und bei besonderen Umständen sind unsere Hintersitze zu vergleichen mit einer Psychiatercouch, auch wenn man nicht auf ihnen liegen kann. Aber genau wie dort ist es den Erzählenden nicht möglich, uns in die Augen zu blicken. Sie legen deshalb wohl rascher ihre Sprech- und Mitteilungshemmungen ab. Bei dieser so attraktiven, ausdrucksvollen, im besten Alter stehenden Frau war das der Fall.

»Ich wohne hier im Hotel Splendid. Oder besser gesagt, ich wohnte hier im Hotel Splendid. Mit meinem Mann. Wir verbringen einen Teil der Flitterwochen hier. Den Aufenthalt im Splendid haben uns meine Schwiegereltern zur Hochzeit geschenkt. Wir selbst könnten uns nie ein so teures, luxuriöses Hotel wie das Splendid leisten und so eine Suite … unvorstellbar. Einen Zimmerkellner und einen Butler auf Abruf. Ein Bad so gross wie unser Wohnzimmer zu Hause und mein Mann, er verwöhnt mich so! Ach Gott, verwöhnte mich so!« Ich vernahm ein Schniefen auf dem Rücksitz und als ich den Rückspiegel richtig einstellte, sah ich, dass die junge Frau weinte.

»Nun, nun, nehmen Sie das Leben doch nicht einzig von der tragischen Seite … Ist Ihnen, wenn ich so indiskret fragen darf, Ihr frisch vermählter Ehemann abhandengekommen? Haben Sie sich verkracht? Sie wissen, das geschieht fast täglich bei Neuvermählten, umso wundervoller ist dann die Versöhnung!«

Diese Frau brachte mich ins Schwärmen. War es ihre Ausstrahlung? Jedenfalls träumte ich den Friedensschluss mit ihr. Musste herrlich sein, so eine Aussöhnung mit dieser Dame! Ich würde das halbe Taxi dafür geben oder doch zumindest den Kofferraum, samt erdenreichem Gepäck, sprang mich ein Gedanke koboldgleich an. Wissen Sie, ohne Humor wäre unser Beruf nicht zu ertragen. Zu viel Elend sehen wir im Laufe eines Arbeitsjahres.

Die Frau brach jetzt nach meiner unvorsichtig und zu direkt gestellten Frage erst recht in Tränen aus.

»Wie können Sie so gemein sein und so etwas nur denken! Wir lieben uns doch! Jetzt endlich am Ziel unserer Träume, gegen alle Widerstände seiner Verwandtschaft, jetzt sollten wir uns streiten? Nein, wo denken Sie nur hin!«

Draussen glitt die Dunkelheit vorbei. Ich fuhr bewusst sehr langsam, denn die Distanz zum Bahnhof betrug von dieser Stelle aus nur drei Komma fünf Kilometer und mir schien, sie habe noch so viel zu erzählen. Wolle sich mitteilen. Sich mitteilen, um das Vorgefallene selbst verstehen zu können, denn noch immer zeigte ihr Gesichtsausdruck vollkommenes Unverständnis. Sie sah aus, als ob ihr eine Schar Geister aus der Unterwelt im Wäldchen begegnet sei. So umfassend hilflos und entgeistert war ihr Blick!

»Nein, es ist so grauenhaft«, fuhr sie jetzt wispernd fort, als würde die eigene Stimme ihr Furcht einjagen können, »unsere Suite im Splendid liegt im obersten Geschoss, im sechsten. Die Zimmernummer ist die sechshundertsechs. Heute Mittag nun wollte ich im Kurort Bummeln gehen, besser gesagt, Schuhe ansehen. Sie wissen ja, Frauen lieben das und Männer etwas weniger. So schlüpfte ich aus dem Zimmer, als mein Mann ein Schläfchen nach dem Mittagsmahl hielt, eine Gewohnheit, die er sich während des Studiums zugelegt hatte, als Ausgleich zum nächtelangen Lernen sozusagen. Ich besuchte alle Schuhauslagen, sah mich in den Geschäften um. Verliebte mich in dieses und jenes Paar, entschied mich aber zu keinem Kauf und eilte zurück ins Hotel, wollte ich doch, bevor mein Mann aufwachen würde, wieder im Zimmer sein.

Im Splendid eingetroffen, den Zimmerschlüssel in der Hand, fuhr mich der Liftboy geräuschlos im Fahrstuhl wie gewünscht in den sechsten Stock, öffnete die Tür und deutete, als ich den Lift verliess, eine Verbeugung an. Ich schritt nach links, wo die geraden Zimmernummern aufzufinden waren und wunderte mich über das erste Nummernschild, welches die sechstausendundzwei angab. Denn ich hatte einzig dreistellige Ziffern im Gedächtnis, analog der meinen. Aber wer weiss, möglicherweise war ich zu verliebt gewesen, um das zu erkennen und wahrscheinlich hatten einzig die Suiten das Privileg, mit drei Zahlen auszukommen. Ich lächelte in mich hinein, denn schliesslich war das Hotel ja ein grosses vierkantiges imposantes Gebäude und musste eine Unzahl von Räumen in seinem Inneren bergen. Es folgten Schilder mit den Nummern sechs-null-null-vier, sechs-null-null-sechs, sechs-null-null-acht, ich kam mir bereits ganz fremd vor und ein kaltes Rieseln lief durch mein Rückenmark. Als ich verunsichert einige Schritte zurücklief, änderte das nichts an der Tatsache der Nummerierung. Kräftig kniff ich mir dann in den Arm, doch ich befand mich so wenig in einer Traumwelt wie jetzt … oder? Ich träume doch nicht? Sie sind doch real und fahren mich zum Bahnhof … entspricht das der Wahrheit?«

»Ja, gnädige Frau«, erwiderte ich.

»Nun, ich kam bald zu den ungeraden Zimmernummern. Alle auch vierstellig. Sie endeten kurz vor dem Fahrstuhl mit dem Schild ›sechs-null-null-eins‹. War ich im falschen Hotel? In einem anderen Stockwerk? Das konnte doch nicht die Wirklichkeit sein … und war es doch! Ich nahm meinen Schlüssel zur Hand. Ein ziselierter Schlüsselhalter. Kalt anzufassen. Messing. Auf ihm prangte die Sechshundertsechs, mit Strasssteinen eingefasst. Weil es eine so teure Suite war, dachte ich. Was für Unsinn kommt einem in den Sinn, welche Nebensächlichkeiten in höchster Not! Und in dieser war ich. Mein Zimmer. Mein Mann! Wo waren sie? Gab es eine versteckte Treppe zur Suite? Erinnern konnte ich mich keineswegs daran. ›Beruhige dich‹, sprach ich mir selbst zu, denn ich war so erregt, dass meine Hände und die Kniekehlen heftig zitterten. ›Du musst ruhig bleiben. Nur so meisterst du die Geschichte, diesen Horror‹, sagte ich mir selbst. ›Ruf den Fahrstuhl. Sage dem Piccolo, er solle dich zum Zimmer führen, du hättest dich verlaufen oder noch besser, du würdest dich ängstigen, hättest ein ungutes Gefühl und er sei stark, könne dir mehr als behilflich sein. Und dazu ein unwiderstehliches Lächeln, die Hand auf seinen Arm. Er wird dich führen und der Albtraum wird vorüber sein‹, sagte eine dunkle Stimme in mir selbst. Sie ähnelte der meines Mannes und gab mir die nötige Ruhe, den Plan auszuführen. Mit dem Klingelzeichen orderte ich den Fahrstuhl, der Piccolo freute sich sichtlich, mir zu dienen, seine Augen glänzten. War es Dienstbeflissenheit oder etwas anderes? Verlangen gar? Nun, mir war weder nach Scherz noch nach Flirt zumute. So reichte ich ihm den Schlüssel, ohne ein Wort zu sagen und machte eine Bewegung, die bedeutete, er solle vorangehen. Wie selbstverständlich nahm er den Schlüssel in die Hand, betrachtete ihn lange, wiegte den Kopf hin und her, beinahe verneinend und doch nicht ganz, sah mich erneut an, murmelte: ›Dieser Schlüssel …, nein, solche haben wir nicht hier im Haus und die Sechshundertsechs, nein, diese Zimmernummer gibt es hier nicht, es tut mir leid.‹ Und es tat ihm sichtlich leid: Sein Gesicht ward länger, schmaler, es drückte mehr als Mitgefühl aus.«

In der Zwischenzeit hatte ich den Bahnhof erreicht und hielt etwas abseits. Mein Fahrgast schien nicht zu bemerken, dass wir nicht mehr fuhren. Ich stellte den Taxameter ab, lauschte weiter mit zunehmender Anspannung ihrem Bericht.

»›Darf ich Sie bitten‹, sagte er dann zu mir, führte mich zum Fahrstuhl, bat mich hinein. Wie in Trance folgte ich ihm. Lautlos wiederum glitt der Lift zurück ins Erdgeschoss. Der Piccolo brachte mich zum Concierge. Übergab ihm den Zimmerschlüssel. Bemerkte kurz und knapp gegenüber seinem Vorgesetzten ›Die Dame sucht ihr Zimmer‹, deutete erneut eine kurze Verbeugung an – leicht rutschte dabei seine kreisförmige rote Mütze nach vorn – und begab sich erneut an seinen Arbeitsplatz. Der Mann in Uniform, er hatte graue Haare und musste so um die sechzig Jahre alt sein, nahm den Schlüssel, drehte ihn in der Hand, sah mich lange an, lächelte. ›Da sind Sie ja endlich! Sie haben uns aber einen Schrecken eingejagt, als Sie mitten in den Flitterwochen vor siebzehn Jahren einfach unwiederbringlich verschwanden. War das ein Aufruhr im Hotel! Die Polizei, die Verwandtschaft und ihr Mann … untröstlich. Aber da sind Sie ja wieder! Ich habe immer gesagt, Sie tauchen wieder auf, eines Tages, Geduld muss man haben, vor allem als Concierge. Ich habe übrigens Ihren Koffer aufbewahrt. Ich gehe ihn gleich im Keller holen. Nehme an, dass Sie diesen bei der Abreise als Souvenir mit sich nehmen wollen. Sie reisen doch noch heute Abend ab?‹ Und bevor ich Antwort geben oder besser, bevor ich noch Fragen stellen konnte, war der grau melierte Herr verschwunden und kam zehn Minuten später mit meinem Koffer zurück, rief den Piccolo und flüsterte mir zu: ›Bevor wir Aufsehen erregen oder gar die Polizei einschalten, rate ich Ihnen, rasch den Ort zu verlassen … Sie wurden ja damals gesucht, der Schmuck und die ganzen Kleider und das Scheckheft … Sie wissen schon!‹

Das Schlimme ist, ich weiss von nichts. Danke, dass Sie mich gefahren haben!«

Sie stieg aus.

Ich gab ihr den Koffer.

Sie ging langsamen Schrittes zum Bahnhof.

Drehte sich nochmals um.

Hob die linke Hand zum Abschied.

Jetzt schien sie mir bedeutend jünger …

BÜCHER VON FRANÇOIS LOEB

Lea und Siegfried. Roman
Allitera Verlag, ISBN 978-3-86906-466-6

Geschichten die der Bahnhof schrieb. 24 Geschichten
Benteli Verlag, ISBN 978-3-7165-1492-4

Geschichten die der Zirkus schrieb. 24 Geschichten
Beiträge von Rolf Knie. Illustriert von Ted Scapa
Benteli Verlag, ISBN 978-3-7165-1481-8

Geschichten die der Fussball schrieb: 36 Geschichten aus rundem Leder
Benteli Verlag, ISBN 978-3-7165-1543-3

Grossvatergeschichten
Prospero Verlag, ISBN 978-3-941688-01-8

Irrwege des Glücks
Prospero Verlag, ISBN 978-3-941688-11-7

Der Organist von San Marco und weitere venezianische Geschichten
Prospero Verlag, ISBN 978-3-941688-19-3

Ling-Ling der Schmetterling
gemeinsam mit Irene Naef
Cornelius Verlag, ISBN 978-3-86237-679-7

Das Bärakel von Bern
mit Illustrationen von Ted Scapa, Norbert Schmid
Parlevent Verlag, ISBN 978-3-95237113-1-2

Parlamentsgeschichten
Stämpfli Verlag, ISBN 978-3-7272-1144-7

Runde Geschichten um eckige Pannen
Stämpfli Verlag, ISBN 978-3727-21153-9